성장을 주도하는 10가지 리더십

성장을 주도하는 10가지 리더십

초판 1쇄 인쇄 2018년 8월 10일　　**2쇄** 발행 2018년 9월 22일
　　1쇄 발행 2018년 8월 20일

지은이　　안희만
발행인　　이용길
발행처　　**모아북스**
　　　　　　MOABOOKS

관리　　　양성인
디자인　　이룸

출판등록번호　제 10-1857호
등록일자　　1999. 11. 15
등록된 곳　　경기도 고양시 일산동구 호수로(백석동) 358-25 동문타워 2차 519호
대표 전화　　0505-627-9784
팩스　　　　031-902-5236
홈페이지　　www.moabooks.com
이메일　　　moabooks@hanmail.net
ISBN　　　979-11-5849-076-8　13320

리더가 되었다. 어떻게 사람과 조직을 움직일 것인가?

성장을 주도하는 10가지 리더십

안희만 지음

모아북스
MOABOOKS

최고의 결과는 사람을 중시하는 최고의 리더가 만든다

"위아래 사람이 원하는 바가 같으면 이긴다(上下同欲子勝)"

『손자병법』에 '상하동욕자승(上下同欲者勝)'이라는 말이 있는데, 위아래가 같은 생각을 가진 군대가 필승한다는 뜻이다. 전장에 나서는 장수와 병졸이 이기고자 하는 목표와 의지가 같으면 반드시 승리한다. 당연하고 쉬운 말 같으나, 둘의 마음을 하나로 합치기 어려운 것이 사람의 일이다. 심지어 생사가 걸려 있는 전장에서 장수와 병졸의 마음이 더해지기란 분명 쉬운 일이 아닐 것이다. 모든 조직에서도 최상위 리더에서 최하위 구성원까지 같은 목표와 비전으로 함께 해야 반드시 승리한다.

세상에 리더가 없는 곳은 없다. 가정에서 학교, 종교, 기업, 스포츠, 예술, 정치, 국가 등 모든 곳에 리더가 있고 그들이 그 조직을 이끌어 나간다. 비슷한 구조를 가진 집단이나 조직이 어떤 곳은 성공하고 어떤 곳은 실패하는 이유는 무엇인가? 한쪽은 신뢰와 존중을 바탕으로 신바람이 난 구성원들이 조직 목표를 달성하기 위하여 자발적이고 적극적으로 참여하여 혁신적 가치를 지속적으로 만들어 가는 반면, 왜 다른 쪽은 반목과 질시, 분노와 증오로 가득찬 구성원들이 조직의 전략과 방향에 냉소적으로 대하며 가치를 스스로 훼손하는 빈곤의 악순환 속에서 허덕이고 있을까?

바로 리더다. 그들이 발휘하는 리더십의 차이다. 전방 사단에서 20여 대대 중, 유독 문제가 있는 부대가 있어 상급부대의 각별한 관심과 지원, 지도 방문에도 전투력은 피폐해지고 사기는 추락하여 말도 안 되는 사고까지 계속 터지게 되면 결국 대대장을 교체하게 된다. 3개월만 지나면 사기는 하늘을 찌르고 부대 관리는 최상, 전투력은 최고 상태의 전혀 다른 부대가 되어 있다. 임무나 작전 환경 등 모든 상황은 그대로이고 600명 중딱 한 사람 바꿨는데 조직이 몰라볼 정도로 변하는 것을 무엇으로 설명이 가능할까?

사실, 리더십 이론은 관련 서적이 차고 넘칠 정도로 많다. 그럼에도 독서를 거의 하지 않는 우리의 현실에서 흥미를 유발하는 자극적이거나 재미있는 사례로 책이 편집되었거나 외국 유명 인사의 글을 번역하다 보니 우리나라 현장에 딱 맞는 리더십 원칙에 대해 일목요연하게 정리된 책은 거의 없다. 무엇보다 내 것으로 소화하여 현 상황에 알맞게 적용하기가 어렵다. 각 리더가 처한 여건과 상황이 판이해서 일괄적으로 적용하다 보면 성과도 나지 않을 뿐 아니라 역효과까지 나는 상황이 오기 때문이다.

성공 사례로 소개된 리더십이라도 농업적 근면성이 강조되는 곳과 산업사회의 기계적 혁신이나 정보화의 미래 가치를 이끌어 가는 시공의 차이에서, 또한 업의 본질이 다른 상황이나 태동기, 성장기, 안정기, 쇠퇴기에서의 리더십이 동일하게 적용될 수도 없거니와 영업의 리더십과 관리의 리더십은 전혀 다르며, 간부층과 임원, 경영진의 리더십 또한 다른데 어떤 조직 환경에서도 발휘될 수 있는 리더십의 근간은 무엇일까?

바로 사람이다. '사람 중심의 리더십'이다. 필자는 리더십에 관한 한 최고의 조건에 있었음에 항상 감사했다. 육군사관학교에서 리더십의 중요성을 접하고 임관 후 군대에서 15년간 다양한 계급과 직책의 지휘관 및 참모로서 리더십을 경험했다.

영국에서 2년 공부한 뒤에 테스코라는 다국적 기업의 일원인 홈플러스에서 수많은 부문을 이끌면서 다양한 국적과 인종의 뛰어난 선후배 및 동료들과 리더십에 대해 이론과 실제를 공부했다.

40년의 조직 생활에서 나의 롤 모델이 되었던 훌륭한 리더들을 모실 수 있었던 행운아로서 어떻게 그들이 각종 실제 상황에서 최고의 리더십을 더 효율적이고 효과적으로 발휘하는지를 배우고 익힐 수 있었다. 군이던, 기업이던 나의 롤 모델들은 항상 사람을 중시했고, 나 또한 큰 성과나 성공을 이룰 때는 사람에 집중했을 때였고 큰 실패를 겪었을 때는 사람보다 '숫자'에 관심을 뒀을 때였다.

군에서나 기업에서나 리더와 리더십의 중요함을 일찍이 깨닫고 배우고 익히려고 부단히 노력했지만 사실 상하좌우의 인간관계의 결합체인 조직에서 나와 같은 생각으로 함께 나가기 위해 부하들의 마음을 얻기는 절대 쉽지 않다. 늘 목표 달성이나 임무 완수를 가로막고 있는 어려운 외부 요인은 오히려 내부를 결속시키는 데 도움이 될 수도 있지만, 열 길 물속은 알아도 정말 알기 어려운 나의 조직 구성원인 '한 길 사람 속' 을 이해하고 그들을 규합하여 '한마음' 이 되기 위해서는 리더들의 각고의 노력이 필요하다.

군에서 지휘통솔법을 배웠다. 직업 군인도 다른 직업군과 비교할 때 기본적으로 강력한 책임감으로 임무를 끝까지 완수해야 한다는 점은 비슷하지만, 임무의 특수성 및 목숨까지 담보해야 한다는 점에서 차이가 있다. 전·평시에 군 지휘관이 엄수해야 할 '지휘통솔법' 은 유사시에 생명까지 걸 수 있는 고귀한 임무를 수행하는 부하 장병과 '상하동욕' 을 이루기 위한 리더십의 교범으로서 기업의 CEO에서 실무 리더들에게까지 훌륭한 리더십 원칙이 된다는 사실을 필자는 20년 가까운 기업 생활에서 충분히 깨달았다.

기업에서는 사람 중심의 경영을 배웠다. 위험과 기회가 혼재되어 한 치 앞을 예측하기 어려운 시대에서도 생존하는 리더십의 핵심 키워드는 사람이었다. 단기 성과에만 과도하게 집착함으로써 사람을 비용으로 인식하는 리더는 필패한다. 기업은 성장해야만 궁극적으로 구성원들의 삶의 질을 높이고 행복 추구에 도움을 줄 수 있는데 고성과를 내는 조직, 목표를 달성하는 집단, 경쟁에서 이기는 기업은 '사람 중심의 경영'을 기본 가치로 한다.

과거에는 수직적 리더십으로 리더 한 사람의 역량이 중요했지만, 시대 흐름에 따라 점차 수평적 리더십으로 변화되고 있다. 이러한 대변혁의 시대에 중요한 것은 소통과 화합이다. 사람 중심의 따뜻한 소통과 동등한 관계에서 상호작용을 할 수 있는 포용력 있고 책임감 있는 리더십이 필요하다. 모든 구성원을 인격적으로 존중하며 그들의 창의성과 지식을 기업의 가장 소중한 가치로 인정하여 이를 경영에 적극적으로 활용해야 한다.

사람 중심으로 경영하면 조직 구성원과 고객의 높은 만족도를 성취할 수 있다. 영국 테스코에서 '직원이 몇 명입니까?'라고 물으면 "I am looking after 12 colleagues(나는 12명의 동료들을 보살피고 있습니다)"라고 대답한다. 부하가 아닌 동료로, 나의 지시를 받는 대상이 아니라 내가 보살피거나 돌봐야 하는 사람으로 보고 있다는 의식이 기본적으로 깔려 있으며 리더의 진정한 책임감을 단편적으로 보여주고 있다. 이렇게 사람 중심의 리더십을 통해 가치 창조를 극대화하는 것이 리더의 중요한 책임이며 의무다.

솔직히 우리 세대는 리더십을 발휘하기가 편했다고 자인한다. 권위에 복종하며 조직에 충성하는 것이 몸에 배인 구성원들과 '상하동욕' 하기는 비교적 쉬웠다. 세계화, 정보화, 다양성, 개인주의, 디지털, 스마트, 욜로세대들과 거칠고 척박한 환경에서 조직 목표를 달성하고 고성과를 지속적으로 내려면 훨씬 수준 높은 리더십이 요구되는 바, 더욱 더 '사람' 에 집중하고 '사람' 을 중시해야 할 것이다. 다행히 후배들은 이를 잘 알고 있고 많은 노력을 하고 있기에 진심으로 그들을 응원하고 격려하는 마음이다.

홈플러스 임원 시절 후배들로부터 군의 지휘통솔법을 기업 경영에 접목하여 실천했던 리더로서의 원칙에 대해 일반 기업에서 접하기 힘든 리더십이니 책으로 정리하여 발간했으면 좋겠다는 요청이 많았고, 대학 및 기업 초청 강연 내용들을 현재 리더의 위치에서 최선을 다 하고 있는 후배들에게 선물로 주고 싶은 욕심도 있어 이 글을 쓴다.

리더는 성장을 주도해야 한다. 구성원과 자신의 성장을 도모하여 이끌고 있는 조직과 궁극적으로 회사의 성장에 앞장서야 한다. 이를 위하여 리더로서 반드시 지켜야 할 10가지 원칙을 제안하고자 한다. '원칙'은 많은 경우에 두루 적용되는 기본적인 규칙이나 법칙으로 정의되는데, 여기서 '지켜야 한다는 것'을 강조하고 싶다. 하면 좋은 것이 아니고 반드시 해야 하는 기본을 정리했다. 그리고 리더의 가치를 올리기 위해 반드시 지켜야 하는 리더십 10대 원칙을 제안하기 전에 기본적으로 알아야 하는 리더십을 발휘하기 위한 개념과 환경에 대해 짚어 보았다. 조직의 성장을 주도하는 리더십의 10가지 원칙을 숙지하여 자신만의 역량으로 갖추길 기대한다.

'경천애인'의 사람 중심 리더십의 중요성을 깨달아 자신이 속해 있는 조직과 그 구성원 모두 크게 성장하는 데 도움이 되기를, 이끄는 조직이 목표를 달성하고 구성원이 더 성장할 수 있도록 열심히 뛰고 있는 현재 또는 미래의 리더에게 도움이 되길 소망하며 이 책을 통해 사람의 가치를 아는 리더가 되어 이 시대의 성공한 리더로서 우뚝 서기를 응원한다.

안희만

제2부 성장을 주도하는 10가지 리더십 61

▼

제1부

──

조직을 움직이는 원동력

"하늘은 녹이 없는 백성을 낳지 아니하고, 땅은 이름 없는 풀을 자라게 하지 않는다(天不生無祿之民 地不長無名之草)"

사람은 누구나 다 본인의 역할이 있고, 하찮게 보이는 풀도 다 이름을 갖고 있다. 사람은 개개인이 다 우주다. 기업은 이윤 창출을 위한 성장에만 존재 가치가 있는 것이 아니라 임직원들이 행복을 추구하는 생활 터전이며 사람이 마음을 합쳐 일하는 곳이다. 그런데도 한 사람, 한 사람의 역할을 제대로 수행할 수 있도록 이끌어 주고 도와주지 않아 일은 일대로 안되고 결국, 구성원들의 마음이 떠나고 마침내 몸까지 떠나는 경우가 얼마나 많은가?

기업이라는 조직은 여러 사람이 모여 목적을 실현하기 위해 운영하는 곳이다. 기업(企業)이라는 단어를 한자로 뜯어보면 사람 인(人) 밑에 머무를 지(止)가 어우러진 기(企)와, 일 또는 업을 뜻하는 업(業)이 합쳐져서 '사람이 머물러 일을 하는 곳'으로 해석할 수 있다. 기업(company)의 라틴어 어원을 보면 'com(함께, 공동의)'과 'panis(빵)'의 합성어로 기업은 빵을 함께 키워 나눠먹는 공동체라고 해석한다.

사실 위대한 기업을 만들고 유지해 나가는 것은 어려운 일만은 아니다. 최고의 인재를 적재적소에 배치하고, 지속해서 교육과 함께 훈련시키고, 능력과 자질 있는 인재들이 열정을 발휘할 수 있도록 환경과 여건을 조성하면 된다. 사람에 집중하면 된다. 조직의 목적을 실현하고, 부여된 임무와 목표를 달성하기 위해 구성원 한 사람 한 사람의 장단점을 정확히 알고 그들의 능력을 100% 발휘하도록 이끌고 조직 내의 이해관계를 조율하여 갈등을 해소하며 궁극적으로 그들의 성장과 발전을 도와 기업이 지속 가능하도록 하는 것, 그것이 '리더십' 이다.

2명 이상의 사람이 모여 공동의 목표나 그 모임의 목적을 달성하기 위하여 함께 노력해 나가는 것을 조직이라고 정의한다. 그리고 그 집단을 이끌어 가는 중심적인 사람을 리더라고 부르는데, 이 리더의 역량에 따라 조직의 성공, 실패 여부가 결정된다고 필자는 확신한다. 선사, 역사시대를 막론하고 인류 역사는 크고 작은 전쟁으로 점철됐는데, 감히 말하건대 병사의 강하고 약함이 전승의 요인이었다고 생각하지는 않는다. 장수의 리더십이 작게는 투입된 병사들의 목숨을 크게는 한 나라의 운명을 결정하는 가장 큰 요소라 할 수 있었다.

오케스트라에서 단원들의 능력이 세계 최고일지라도 악보에 깔린 작곡가의 의도를 정확히 읽고 이를 청중에게 그 이상의 감동을 줄 수 있도록 이끌어 가는 것은 지휘자의 몫이다. 상대 팀을 이겨야 존재 가치가 있는 단체 경기에서 선수 한 사람 한 사람의 기량을 100% 발휘하여 싸우면 반드시 이기는 것이 감독이나 코치의 책무다. 전쟁터에서 하나밖에 없는 소중한 목숨을 걸고 싸우는 부대원을 이끄는 지휘관도, 무한 경쟁과 예측

불가능의 환경에서 변하지 않으면 바로 도태되어 버리는 기업 경영자도 생존을 위해서 반드시 알고 행해야 하는 것이 바로 '사람'을 어떻게 스스로 움직이게 할 것인가이다.

리더가 자신을 알아주고 믿으며 존중하지 않는데 악기를 연주하고, 최상의 운동 기량을 발휘하고, 목숨을 바치고 싸우며, 이윤 창출을 위해 최선을 다한다고 믿는다면 이미 리더가 아니다. '열 길 물속은 알아도 한 길 사람 속은 모른다'라는 옛말은 오랫동안 많은 인간 군상을 경험해 본 사람들에게는 진리의 속담일 것이다. 바로 이 부분을 리더가 가장 어려워한다.

그런데 역설적으로 가장 어려운 것에 능통하다면 그 리더는 리더로서 차별화된 경쟁력을 가진 셈이다. 자신과 함께하는 구성원들이 자발적으로 참여하고 조직의 목표 달성에 최선을 다하게 만드는 능력을 갖추고 있다면 조직의 성과 달성에도 크게 기여할 뿐 아니라 미래 발전과 자신을 롤 모델로 하는 구성원들의 성장까지도 도울 수 있다. 그러므로 사람에게 집중하는 리더십을 만들어 나가야 한다.

즐거운 분위기에서 신바람 나게 일하는 구성원들이 성과를 낸다. 그런데 이런 환경은 리더가 근무환경을 놀이공원처럼 만들었다고 조성되는 것이 단연코 아니다. 리더를 포함한 구성원 모두 신뢰와 존중을 바탕으로 신념을 일치시키고 드높은 사기에, 일사불란한 기강과 강력한 결속력이 있을 때 비로소 직장이 행복해진다. 그러려면 리더가 각고의 노력으로 스스로 경쟁력 있는 리더가 되어야 한다.

조직이 있으면 리더가 있다. 아마추어 리더가 아닌 프로 리더라면 리더십에 대해 전문적 지식이 있어야 한다. 어떤 분야라도 상당한 수준에 오른 프로들은 남을 가르칠 수 있을 정도로 해당 이론에 해박하다. 정치, 경제, 사회 분야에서 뛰어난 전문가일 뿐 아니라 IT, 예술, 스포츠에 뛰어난 프로들은 표현이 미숙할 수는 있어도, 이론적 기반은 매우 탄탄하다.

그러면, 여러분은 리더로서 자신이 이끄는 구성원들에게 리더십에 대해 해박한 지식과 이론을 자신 있게 강의할 수 있을 정도로 자신만의 이론을 체계화시켜 놓았는가?

이 장에서는 리더십과 리더에 대한 정의, 리더의 권한과 책임, 참모와 팔로워, 리더의 기능과 역할, 리더십 발휘를 위한 유·무형의 체계에 대해 정리해 보았다. 리더십도 다른 모든 분야와 같이 많이 알고 깊게 고민하여 몸에 체득해야만 제대로 발휘할 수 있다.

01
따르게 하는 리더십의 정의

> "구성원으로 하여금 그들이 하기 싫어하는 것을 일단 하게끔 하고, 급기
> 야 그들이 그것을 좋아서 할 수 있도록 만드는 영향력 또는 지휘기법."

이것이 내가 내린 리더십의 정의다. 리더가 주어진 권한에 따라 구성원을 이끌어 가는 일체의 영향력을 발휘하는 행위로 임무를 달성하기 위하여 조직의 활동을 계획, 지시, 조정, 통제, 협조하는 기능이다.

인간은 근본적으로 타인으로부터 지시나 간섭받는 것을 싫어한다. 조직의 목적 실현이나 부여된 임무를 수행하는 것과 구성원의 이에 대한 심리적 저항 사이에서 리더는 일단 구성원에게 그 일을 하게끔 하고, 시간이 지날수록 좋아서 스스로 하게끔 해야 한다.

조직을 훌륭하게 이끌어 가는 리더를 관찰해 보면 '위대한 리더'가 되기 위한 성격적 특징이나 소질, 자질 같은 공통점을 찾

기는 쉽지 않으나, 적어도 구성원이 존경하고 따르는 리더의 공통점은 다음과 같이 정리할 수 있다.

존경받는 리더들의 공통점

1. 공과 사를 분명히 한다. 자신에 대해서는 엄격하고 구성원에게 관대하며 투명, 공정, 합리성을 추구한다.
2. 비전과 원칙, 가치관이 명확하고 구성원의 감동을 끌어낸다.
3. 조직의 사명과 목표를 명확하게 기술한다.
4. 이기는 팀을 편성 및 조직하고 부서, 개인의 역할과 책임을 명료하게 부여한다.
5. 올바른 의사결정을 제때 분명하게 내린다.
6. 구성원이 자신의 역량을 100% 발휘하도록 상황과 여건을 조성하고 조직의 핵심역량을 키우며 오늘보다 더 나은 내일을 지향한다.
7. 구성원이 즐겁게 일하면서 보람을 찾도록 하며, 성과에 대한 보상을 충분히 한다.
8. 부서 이기주의가 발생하지 않고 전체의 이익을 추구하는 팀워크를 강하게 다지며 필요한 자원을 아끼지 않는다.
9. 변화와 혁신을 즐기고 창의성을 키운다.

10. 현장 직무를 통해 고객과 시장을 잘 이해하고 외부 활동을 장려하여 구성원이 넓은 시각을 갖도록 돕는다.
11. 구성원의 강점을 최대한 살려 차별화된 경쟁력을 키우고 성과를 내도록 이끌어 시장 가치를 올린다.
12. 후계자를 선발하고 육성하며 구성원의 직무에 있어 CEO 역할을 하도록 일깨운다.
13. 군림하지 않고 끊임없이 소통하여 갈등을 조정하고 해소한다.
14. 한 사람 한 사람에게 진정한 관심을 보이고 칭찬과 격려를 통해 자기 일과 역할에 자부심을 품도록 한다.
15. 자기 관리가 철저하며 평상심을 유지하고 복원회복력이 뛰어나다.

위의 리더십을 3가지로 요약해서 정의하자면,

첫째, 리더는 목표를 설정하고 우선순위를 결정하며 기준을 설정하고 유지한다. 목표를 달성하는 리더십의 기초는 조직의 사명을 깊이 성찰하여 그것을 명확하고 뚜렷하게 설정하는 것이다.

둘째, 리더는 책임진다는 자세를 견지한다. 리더십을 계급과 특권으로 본 것이 아니라 '책임'으로 보고 임무 완수와 목표 달성이 되지 않았을 때 다른 사람들을 책망하지 않는다.

"The buck stops here(모든 책임은 내가 진다)"라는 명언을 남긴 트루먼은 이러한 리더십의 본질을 얘기한 것이다. 법과 규정에 명시된 책임만 지겠다는 것이 아니라 조직의 장으로서 '무한책임'을 지겠다는 자세를 일관성 있게 지속적으로 견지했을 때 부하들은 리더를 믿고 따른다.

셋째, 리더는 신뢰를 확보한다. 뒤따르는 사람들을 거느리려면 리더의 언행이 일치해야 한다. 리더의 행동과 그가 공언한 신념들은 서로 모순 없이 일치해야만 한다. 표리부동한 리더를 누가 따르겠는가?

02
영향력을 발휘할 리더의 정의

"공동의 목적을 달성하기 위해 영향력을 발휘하며 함께 달성해 가는 중심에 선 사람."

나는 리더를 이렇게 정의한다.

리더는 단연 조직의 핵심이며 원동력이다. 조직의 성공과 실패는 주로 리더의 능력과 의지에 좌우되므로 리더는 다재다능해야 하며 어떠한 상황에서도 난관을 극복하여 자발적이고 적극적으로 임무를 완수해야 한다.

또한, 조직의 상하 지휘체계를 확립하고 상하, 좌우 조직 간에 신뢰하는 풍토를 조성하며 조직을 구성하는 예하 리더에게 적절한 책임과 권한을 부여함으로써 그들의 재능을 계발해야 한다. 조직의 역량은 그 조직을 이끄는 리더의 리더십 크기에 비례한다.

리더가 변해야 회사가 변한다. 철학적 개념 즉, 비전, 임무,

가치, 원칙, 문화를 잘 만들어 놓은 조직이 실패하는 이유는 리더가 '나 빼고 너희만 변하라'고 얘기하기 때문이다. 그러나 나 자신만 빠질 것으로 생각하면 큰 오산이다. 바로 밑의 리더도 자연스레 빠지고 결국은 맨 아래에 있는 직원들에게만 변하라고 지시하면 누가 이를 따르겠는가? 특히 SNS가 활발히 오픈된 환경에서 리더가 제대로 하지 않으면 비전과 전략은 실패의 쓴맛을 보고 만다.

리더는 전략, 의사결정, 실행, 후배 육성, 일하는 방식 등 리더의 역할에 대해 명확한 인식이 필요하다. 회사가 도전적이고 실천적인 조직으로 변하려면 현재 행동 양식이 근본적으로 바뀌는 데서 출발해야 한다. 조직문화가 건설적 비판이나 잘못된 점의 지적을 흔쾌하게 받아들이며, 변화와 혁신을 추구하고, 항상 도전하는 악착같은 근성을 갖도록 리더가 이끌어 가야 한다.

리더는 장기적인 시각으로 인재를 양성하고 끊임없이 혁신을 추구해야 한다. 애플의 전 CEO였던 스티브 잡스도 "혁신은 리더와 추종자를 구분하는 잣대"라고 하였다. 물론 리더 한 사람이 뛰어나다고 해서 훌륭한 기업을 영속적으로 유지할 수는 없다. 미래를 내다보고 인재를 키우고 그들이 성장할 수 있는 토양을 만들어 줘야 한다.

비즈니스적인 관계나 사적인 관계 모두 '신뢰'가 바탕이 되지 않으면 모래 위에 쌓은 성과 같이 곧 무너져 내린다. 사람의 마음을 얻기는 어렵지만 잃는 것은 한순간인 만큼 성공하고 싶다면 먼저 주변 사람들의 마음을 얻어야 한다.

삼성그룹의 창업자 이병철 회장은 최고경영자의 자질이 중요하다고 강조하며 사장의 조건으로 7가지를 말했다. 덕망을 갖춘 훌륭한 인격자, 탁월한 지도력, 신망 받는 인물, 풍부한 창조성, 분명한 판단력, 추진력, 책임질 줄 아는 사람이다.

세상이 혼란스럽거나 회사가 복잡해질수록 사람들은 카리스마가 넘치는 리더를 원한다. 하지만 독선적이고 오만한 리더를 원하는 것은 절대 아니다. 원칙과 소신을 내세우면서 독선과 불통인 리더는 조직에서 절대 성공할 수 없다. 자신이 백 번 옳다 하더라도 구성원들의 의견을 들어야 하고, 리더가 결정했다고 하더라도 직원들의 건의를 받아들이는 것이 경영이다. 오만함을 버리고 겸손해질 때 세상이 바로 보인다. 능력 있는 참모들을 가까이에 두면 내부의 장막이 걷히고 세상과 소통할 수 있다.

리더 본인이 아무리 능력이 출중하더라도 집단지성을 발휘하도록 조직 구성원 모두 열정적으로 뛰도록 분위기를 조성해야 한다. 직원의 건의나 제안을 강박적으로 거부하고 계속 수정하면 조직은 리더의 지시가 떨어질 때까지 움직이지 않고 좋은 아이디어를 내지 않는다. 어차피 철저히 준비하고 여러 가지 대안을 마련해도 리더에게 보고하는 과정에서 모든 게 바뀔 것이 뻔하기 때문이다.

리더는 일을 주는 사람이지 구성원들의 일을 대신하는 사람이 아니다. 그들의 성장을 도와 성취 동기를 부여해야 하는데, 리더 혼자 모든 일을 다 할 때 조직의 지속력이 떨어지는 큰 문제점이 발생한다. 병목 현상으로 인해 즉응성의 속도가 현저히 떨어질 수 있으니 스스로 돌아보고, 이러한 중간 리더가 조직에 있는지 항상 주의 깊게 살펴봐야 할 책무가 있다.

직원들을 닦달하면 목표 달성이 쉬울 거라는 편한 리더십을 경계해야 한다. 직원들은 목표를 달성하려는 열정이 있다. 그러나 신뢰하지 못하고 무조건 강압적으로 이끌려는 리더의 언행에 귀를 막고 수동적으로 된다.

한 가지 자문해 보자. 여러분은 리더로서 팀원 한 명 한 명과 대면하여 목표 달성을 위한 능력을 키우기 위해 함께 토의해 가며 코칭해 본 적이 있는가?

03
리더의 권한과 책임

리더의 권한이란, 회사가 부여한 직급과 직책에 따라 관장하는 조직이나 개인에 대하여 리더가 합법적으로 행사할 수 있는 공식적인 힘을 말한다.

리더는 소속 구성원에 대해 무소불위의 권한을 가진 전능한 존재가 아니다. 모든 국민이 지켜야 하는 헌법, 법률, 명령, 조례, 규칙을 반드시 준수해야 한다. 회사의 목적을 실현하기 위해 회사가 정한 취업규칙이나 회사와의 계약서를 바탕으로 명시된 자신의 합법적 권한을 넘어서서 행사하면 안 된다.

예를 들어, 개인의 기본권은 어떤 경우에도 보장해야 하는데, 일과가 끝난 후에 메일이나 SNS, 전화 등으로 업무를 지시하거나, 개인의 휴가를 사용하는 데 있어 심리적으로 불편하게 하는 행위, 일체의 차별행위는 아무리 높은 직위에 있다 하더라도 월권이므로 절대로 해서는 안 된다.

반대로 자신이 행사할 수 있는 권한을 모르거나 활용하지 못하는 리더도 큰 문제다. 직책과 직급이라는 체계 자체가 권한과 책임을 규정하기 위해 만든 것이므로 새로운 직무를 맡은 리더는 반드시 자신이 해야 하는 것, 할 수 있는 것, 하지 말아야 할 것에 관해 확인하고 잘 활용해야 한다.

'합법적 지휘권'이 무엇인지에 대한 깊은 성찰이 있어야 한다. 다시 말해 리더의 힘은 어디에서 나오는지 생각해 봐야 한다. 이를 장수를 구분하는 용장, 지장, 덕장의 예를 들어 설명해 본다.

첫째, '용장'은 직책에서 힘이 나온다. 권한과 책임을 규정하기 위해 부여된 직책은 합법적 권한을 부여한다. 직책이 높을수록 보다 강한 힘을 발휘한다. 직책을 맡은 사람이 행사하는 파워 중 대표적인 것이 평가, 보상, 승진이다.

평가는 리더의 말에 따르지 않는 구성원에게 불이익을 줄 수 있다. 또한, '성과 있는 곳에 보상 있다'는 원칙으로 성과에 따라 구성원에게 차별적 보상을 할 수 있다. 금전적 보상으로는 연봉, 복리후생 등과 비금전적 보상으로는 칭찬과 인정, 성장 기회의 부여 등이 있다. 보상 차별화를 통해 어느 정도까지는 긍정적, 부정적 힘을 구사할 수 있다. 승진은 상위 직위 또는 직책의 이동으로 평가와 보상보다 더욱 적극적인 영향력의 수단으로 활용된다. 그러나 이러한 직책에서 오는 힘에는 한계가 있다. 리더가 이동하거나 구성원이 얼마나 그를 수용하고 인정해 주느냐에 따라 그 영향력은 천차만별이다.

　둘째, '지장' 은 리더의 전문성에서 오는 힘이다. 직책보다 상사의 전문성에서 오는 영향력이 더 강하다. 조직생활과 업무 추진 면에서 높은 수준의 전문성이 있다면 영향력을 발휘하기가 쉽다. 오랜 직무 경험과 세부적인 부분까지 깊숙이 연구한 전문지식이 직원보다 압도적일 경우다. 적어도 조직에 두벌일을 만들지 않는다. 구성원들이 가장 힘들어 하는 것은 리더의 지시에 따라 처음에 했던 일이 잘 못되어 다시 해야 하는 것이다. 다만 과거의 경험과 지식체계에 함몰되어 현 실태와 문제점을 정확히 파악하지 못하고 해결 방안을 제시하지 못하거나, 특히 다가오고 있는 미래에 대한 통찰력을 갖추지 못했다면 문제가 있다. 선장은 도착 항구까지 안전하게 배가 항해하도록 이끄는 사람이지 지나온 항로를 돌아보는 사람이 아니다.

　셋째, 가장 높은 단계인 '덕장' 으로 리더가 갖춘 품격이다. 구성원의 마음속 깊이 자신이 닮고 싶은 롤 모델로 리더가 자리 매김한다면 그들은 아무리 힘든 일, 고통스러운 일이라도 기꺼이 완수할 것이다. 진실하게 신의를 지키고 구성원 한 사람 한 사람에게 관심을 보이고 진정으로 잘되도록 이끄는 덕망 있고 신망 받는 리더는 그를 따르는 사람들도 당연히 많다.

직장에 아무리 자질과 능력이 뛰어난 인재들이 많다고 하더라도 이들에게 방향을 제시하고 하나로 묶어 힘을 발휘하도록 이끌어 주는 리더가 필요하다. 기본적으로 넓고 깊은 식견을 바탕으로 덕을 겸비해야만 한다. 거대한 기업을 이끌고 나가는 사람은 힘이 강하고 지위가 높은 사람이 아니라 덕을 갖추고 실천하는 사람이다.

리더의 진정한 힘이 어디에서 나오는가를 생각하면서 직장 생활 경험을 통해 깨달은 것 가운데 하나는 두려움의 존재로 리더가 갖는 영향력은 조직을 부정적으로 만든다는 것이다. 직원들은 회의에서 자주 짜증을 내고 화를 못 참아 고함을 치면서 자기주장만 펼치는 리더 앞에서는 절대로 반대 의견을 내지 않는다.

그렇다면, 직원들이 리더의 말 한마디에 바로 수긍하고 따르는 경우는 언제일까? 바로 덕망과 품격을 갖춘 리더가 깊이 고

뇌하여 옳바른 결정을 제때 명확하게 내려줄 때다.

여기에 직원 한 사람 한 사람을 진정성 있게 대하고 이끌며 품격까지 갖추었다면 그의 말과 행동은 자연스럽게 직원들에게 큰 영향을 미친다.

리더의 궁극적인 책임은 조직의 임무를 완수하는 데 있다. 또한, 조직의 임무를 수행하면서 성공 또는 실패에 대한 모든 책임은 오직 그 조직을 이끄는 리더에게 있다. 따라서 리더는 권한을 위임할 수 있으나 책임을 위임할 수는 없다.

리더는 부여받은 책임을 효율적으로 완수하기 위하여 규정과 방침에 따라서 합법적인 권한을 행사한다. 리더는 상하 지휘체계를 통하여 자신의 임무를 수행하며 예하 조직의 리더로 하여금 해당 조직의 성공뿐 아니라 실패에 대해서도 책임을 지게 하도록 지도해야 한다.

모든 지시는 이러한 체계를 통하여 하달함이 원칙이나, 상황에 따라 중간 리더를 통하지 않고 하달할 수도 있다. 그럴 때는 지시를 한 리더와 그 지시를 받은 아래 리더는 그 내용을 중간 리더에게 즉시 통보, 보고해야 한다.

04
리더와 참모, 조직과 편성

리더는 자신을 돕고 목표를 달성하기 위해 큰 도움을 주는 참모를 필요로 한다. 참모의 조언을 구해 의사결정하고 그 과정에서 얻게 된 자신감과 용기를 바탕으로 이를 신속히 행동에 옮긴다. 참모는 리더가 의지를 자유롭게 실현하고, 능력을 최대한 발휘할 수 있도록 리더의 의도를 명찰하고 하의상달을 도모하며, 상하 의지를 일치시켜 임무를 완수하는데 책임을 다하여야 한다.

조직에서 많은 사람이 참모로서 일할 때는 최상의 성과를 올리지만, 리더의 위치에 올라가면 의사결정에 따른 부담이나 압력을 견디지 못하고 힘들어하는 경우가 많다.

리더는 의사결정자다. 훌륭한 참모가 리더로 승진한 후 의사결정을 제때 올바로 못하는 것은 책임을 지는 자세와 역량이 부족하기 때문이다. 사람마다 리더, 코치, 자문, 참모, 부하로서 최선의 성과를 내는 자리는 반드시 있으므로 적재적소에 배치해야 한다.

헛된 공명심으로 준비되지 않은 높은 리더의 자리에 올라갔을 때 본인도, 조직도 망하는 경우를 많이 보지 않는가? 회사에서 부장 직급과 팀장의 직책을 수행할 때는 최상의 성과를 내는 직원들이 능력을 인정받아 상위 리더인 임원으로 위촉된 뒤에 실적 저조, 구성원 장악 실패, 이해 관계자들과의 협력 부족 등으로 고생하다가 급기야 상사의 신뢰를 상실하는 경우가 많은 것은 왜일까?

직무에 따른 업무 영역이나 범위가 변경되었고 책임과 권한이 달라졌음에도 과거 직무의 연장 선상에서 현재 업무를 보기 때문에 이런 문제가 생긴다. 따라서 업무가 바뀔 때마다, 특히 참모에서 리더로, 상위 리더로 승진할 때는 충분한 직무교육을 받아야 한다. 피터의 법칙에서 알 수 있는 것처럼 위계조직에서 임직원들은 자신의 무능을 증명하기에 충분한 자리까지 승진하려고 노력하므로 이를 예방할 수 있는 제도가 정립되어 있어야 한다.

일반적으로 회사는 이미 규정되어 있거나 계획된 업무를 수행하는 '운영' 업무가 있다. 예상 가능한 미래에 조직이 실행할 수 있도록 '계획/기획' 업무가 있고, 현재는 없으나 미래에 필요할 것 같은 상품을 찾거나 조직을 혁신하던가 하는 '개발' 업무가 있는데 운영보다는 기획, 기획보다는 개발 업무의 난이도나 숙련도가 높아 하위 직급은 운영에, 임원급은 개발에 중점을 둔 업무를 하는 것이 바람직하다.

대리급 이하의 실무자들은 '회사의 규정과 방침을 정확히 알고 시행' 하는 그룹이고 과장, 부장, 이사급의 중간 간부들은 '규정의 예외를 인정할 수 있는' 한 차원 높은 그룹이다. 모든 규정은 입법 취지가 있다. 이 취지가 변경되거나 소멸하였을 경우, 규정 운영상 융통성이 필요할 경우에는 이에 대해 지침을 내릴 수 있는 능력을 갖춰야 비로소 임원이라고 할 것이다.

기업의 임원은 '새로운 규정을 만들 수 있는' 그룹이어야 한다. 비즈니스 환경이 계속 바뀌고 있는데, 10년 전쯤 만들어 이제는 그 효용을 다한 규정을 준수해야 한다고 계속 강조한다면 그 임원은 조직을 망치고 있는 것이다. 자신을 정확히 아는 것이 중요하므로 거울처럼 자신을 비출 수 있도록 정직한 피드백이 가능한 프로세스를 만들어야 하고, 멘토링이나 코칭도 좋은 방법이므로 상위 직급이나 직책으로 승진할 때는 이와 같은 교육 프로그램이 필요하다.

05
위대한 리더는 팔로워가 만든다

"남을 따르는 법을 알지 못하는 사람은 좋은 지도자가 될 수 없다."
아리스토텔레스가 한 말이다. 리더십만큼 중요한 것은 팔로워십이다. 유능한 지도자 밑에서 역량 있는 직원이 당연히 만들어지겠지만, 좋은 직원들이 멋진 상사를 만들어 낼 수도 있다.

리더십이란 한 조직체에 끼치는 영향력으로 그 조직이 하나의 목표로 도달하게 하는 과정이다. 이것은 그 조직체의 모든 구성원이 공유하는 것으로 어떤 특정한 위치에 있는 한 사람만의 독점물이 아니다. 따르는 이, 즉 팔로워들도 리더십의 중요한 일부분이다. 리더와 팔로워는 상사와 부하의 수직적 관계로 생각하겠지만 사실은 부하는 상사의 권한을 이용하고 상사는 부하의 능력을 최대한 활용하는 공생관계에 있다.

위대한 리더는 위대한 팔로워가 만들어 낸다. 그리고 이 세상 어디에도 상사를 모시지 않는 유아독존의 리더는 없다. 어떤 리더라도 그 위에 리더가 있으므로 그때는 팔로워가 된다. 높은 자리에 오른 리더라도 그 상사를 보좌하고 보완하는 데 게을리한다면 자신의 팔로워로부터 도움을 받을 자격이 없다. 팔로워는 리더를 보고 그대로 따라하는 거울이기 때문이다.

팔로워십도 지속적인 교육으로 계발할 수 있다. 특히 신입사원 때부터 자세와 태도, 습관을 개선해 나가야 한다. 어떻게 해야 훌륭한 팔로워가 되는가를 팔로워의 정의, 역할에 대해 고민해 보고, 자신에게 주어진 책임을 다할 뿐 아니라, 리더의 장단점을 읽고 자신의 것으로 만들어야 할 것과 버려야 할 것, 이상적인 리더가 되기 위해 어떤 준비를 해야 할 것인지에 대해 정리해 보아야 한다.

자신의 마음을 헤아리고 부족함을 보완해주는 직원의 역할은 매우 중요하다. 직원의 실력에 따라 조직의 성과는 매우 달라진다. 고민은 어떤 직원을 옆에 둬야 하는가에 있다. 좋은 직원은 '내가 굳이 이야기하지 않아도 마음을 헤아려 나의 뜻을 실천하는' 사람이다. 최고의 직원은 '자기 일에서 상사를 자유롭게 만드는' 사람이다. 맡겨 놓으면 항상 성과를 내어 상사가 신경 쓰지 않고 자기 일에만 집중할 수 있도록 만든다.

상사 입장에서는 마음에 드는 직원은

첫째, NO라고 말하는 사람이다. 정면에서 나의 의견에 NO라고 말하는 사람을 보면 불쾌할 수 있다. 하지만, NO라고 얘기한 사람은 힘든 상황이 될 수도 있는데 왜 NO라고 했겠는가? YES맨보다 매우 용기와 애정을 갖춘 사람이다. 다만 지혜롭게 NO를 표현하는 방법에 숙달해야 할 것이다.

둘째, 한발 앞서 생각하고 예측하며 해결하는 사람이다. 부하가 한발 앞서 해결해주면 상사는 더 큰 생각과 일에 집중할 수 있다.

셋째, 기본과 원칙에 충실한 사람이다. 유혹이나 개인적, 사적인 어려움을 기본과 원칙으로 이겨내는 품성을 가진 사람이다.

넷째, 서로 맡지 않으려는 힘든 일을 기꺼이 수행하는 사람이다. 위험부담이 높은 일에 과감히 뛰어들어 성과를 창출하는 사람이다.

다섯째, 상사의 스타일을 파악하고 전략적으로 활용하는 사람이다. 결국, 상사도 자신에게 잘하는 사람을 선호하게 되어 있다.

여섯째, 전체를 보며 자신의 이익보다 조직의 이익을 생각하는 사람이다. 팀워크를 해치는 직원을 좋아 하는 상사는 없다.

06
리더의 기능과 역할

리더는 목표를 달성해야겠다는 신념과 책임감을 견지하고 급변하는 상황
과 역경에 대처할 수 있어야 한다.

거의 모든 리더는 자신보다 상위 리더의 지휘 하에 리더십을
발휘한다. 상급 리더의 의도와 경영전략이나 업무계획을 수행
하고 계층별 조직의 업무 수행 체계에 부합된 지휘 및 통제를
통하여 어떠한 상황에서도 리더십을 발휘할 수 있어야 한다.

리더는 항상 해당 조직의 목표 달성을 위해 필요한 고객과 경
쟁정보 및 이해관계 집단이 시장에 영향을 미치는 상황, 가용
한 자원과 조직의 능력을 파악하고 이를 구성원들에게 전하고
공유하여, 건전한 의사결정 절차를 거처 최선의 방안을 마련,
구체적 계획으로 발전시킨 후 이를 구성원들에게 알려주고 계
획을 실행하고, 그 결과를 평가하여 수정 보완한 계획을 수립
하고 시행하는 일련의 과정을 이끌어 간다.

그렇다면, 매 순간 조직을 현명하게 이끌고 어떤 상황에서도 효과적인 리더십을 발휘하려면 리더는 무슨 역할을 해야 할까?

감각적인 상황 파악

병법의 대가, 손자는 장수에게 있어 가장 중요한 능력은 '지식의 힘'이라고 주장했다. 리더는 주변시가 강해야 한다. 일반인들이 느끼지 못하는 촉, 즉 감각이 있어야 한다. 현장에서 느끼는 시장, 경쟁, 고객의 미세한 움직임을 지나치지 않고 기회요인과 위험요인을 잡아챌 수 있어야 한다. 리더는 각종 데이터를 분석하여 동종 산업에서 독자적으로 내부 역량과 경쟁력을 구축한 조직으로 성장시켜야 한다.

듣기 좋은 말만 들려주는 사람들로 둘러싸인 리더는 확증 편향으로 인해 조직을 치명적으로 끌고 갈 수도 있다. 직원, 고객, 경쟁자, 시장에서 실제 벌어지고 있는 일을 알지 못한다면 이는 리더십의 성공이냐 실패냐의 문제가 아니다. 언제 실패할지가 문제일 뿐이다. 이러한 상황 파악에는 두 가지 요소가 포함된다. 경계와 정보다.

첫째, '경계' 는 경쟁력을 보존하고 절약하는 데 긴요하다. 경계는 기습을 방지하고 행동의 자유를 유지하며 우리의 전략과 전술에 관한 경쟁사의 정보활동을 거부하기 위하여 취하는 각종 대책으로 달성된다.

다만 비즈니스 자체가 본질적으로 위험 요소를 내포하고 있으므로, 경계 원칙을 적용할 때 너무 지나치게 주의한다거나 계산된 모험을 회피하려고 해서는 안 된다. 경계는 과감한 행동으로 기선을 제압하고 유지하며 우리의 계획을 방호하고 상대를 기만하여 어지럽힘으로써 증진된다. 기선을 제압하면 상대의 정보 수집 활동을 감소시킨다.

리더는 상대의 경계 소홀을 최대로 이용하여 경쟁에서의 성과를 달성할 수 있도록 해야 한다. 경계의 원칙은 경쟁관계에서만 적용하는 것이 아니라 미래 예측이 불가능하고 상황이 급변하면서 항상 위기에 봉착할 수 있는 기업 경영과 조직 운영에서 리더가 늘 깨어 있어야 한다는 것을 의미한다.

병자호란이 일어나 삼전도의 굴욕을 당하기까지 조선의 판단과 행동은 한심하기 짝이 없었다. 사람들은 어려운 위기가 닥칠 것이라고 예상하더라도 그것이 멀리 있으면 존재를 부정하거나 과소평가한다. 그것에 대한 걱정과 스트레스를 피하고자 제

뜻대로 현실을 통제할 수 있을 거라고 착각하기도 하고 긍정적인 면만 생각하고 부정적인 현실을 애써 외면하기도 한다.

예측된 위기 상황에서 대처할 시간이 충분하다고 생각해 시간을 낭비하기도 한다. 그러다가 막상 위기가 눈앞에 닥치면 어찌할 바를 몰라서 주저앉아 버린다. 당시 리더였던 인조나 대신들 중 많은 이들이 보인 태도가 이랬다. 위기의 징후를 감지하고 대처해야 하는 리더는 위기 신호에 주목하는 법을 배우고 그러한 시스템을 구축해야 한다.

둘째, '정보'는 모든 기업 활동에 있어서 필수적인 요소이며, 프로젝트를 계획하고 시행함에 있어 결정적으로 기여한다. 정보의 획득과 운용은 리더의 책임이며 적시 적절한 정보는 건전한 판단과 의사결정을 가능하게 한다. 경쟁사의 의도를 분쇄하고 이기기 위해서 리더는 계속적으로 필요한 모든 정보를 획득하는 데 노력하여야 한다. 정보는 경쟁과 상관없이 해당 조직의 목표 달성을 위해서도 양질의 정보를 획득하는 것이 중요하다.

특히 앞서나가는 정보 수집은 업의 성장과 미래를 담보하는 데 있어 결정적 요인이다. 자료를 발굴하고 분석하고 평가하는 일에 리더가 적극적으로 나서서 전문적으로 개입하고 활용해 나가야 한다.

적합한 임무 부여

조직의 목표 달성을 위해 구성원에게 적합한 임무를 명확히 부여하는 것은 리더의 가장 중요한 기능이다. 적재적소에 인력을 배치하는 것이 중요하다. 각 구성원의 강점과 약점을 파악하여 간단명료하게 임무를 부여한다. 필요하면 부족한 역량을 교육 훈련하여 목표 달성 시까지 열정적으로 최선을 다하도록 독려하는 것도 포함된다.

경제적인 자원 할당

맡은 임무 또는 과업을 경제적이고 효율적으로 완수하려면 자원이 항상 부족하다. 즉, 사람, 시간, 돈을 어떻게 할당하느냐가 크게는 전략, 작게는 계획의 핵심이다. 자원 할당 기능에는 기획, 조직, 지시, 통제 및 조정의 기능이 포함되며 리더는 임무 완수, 목표 달성, 프로젝트 종료 시까지 이를 지속하여, 가용한 자원을 경제적이고 능률적으로 사용해야 한다.

결정적 순간의 의사결정

조직의 임무 또는 과업을 수행하면서 무엇을, 어떻게 할 것인가를 결정하는 것으로써 리더는 의사결정을 통하여 리더의 권한을 행사한다. 적시적이고 합리적인 의사결정은 리더가 지녀야 할 자질과 능력을 가늠하는 매우 중요한 사항이다. 의사결정은 리더의 고유 권한이지만, 결국 이를 수행하는 사람은 구성원들이다.

초기 단계부터 적극적으로 참여시키는 것이 바람직하며 구성원들의 지혜를 모아 의사결정하는 것이 더욱 효과적이고 효율적이다. 그리고 의사결정 시, 대안의 완성도를 높여 시행해야 하는 정확성을 요구하는 사안인지, 지금은 30점밖에 안 되는 계획이더라도 바로 의사결정을 해야 하는 적시성이 필요한 것인지 잘 판단해야 한다.

달성 가능한 계획 수립 능력

전략이나 목표 달성을 위한 계획을 완성하는 것도 리더의 몫이다. 합리적인 의사결정을 통해 주도면밀한 계획으로 발전시킬 수 있는 역량의 유무가 리더의 자질과 직결되는바, 평소 달성 가능한 계획 수립 능력을 갖춰 놓아야 한다.

결과를 도출할 추진력

완성된 계획을 실행할 수 있는 체계를 완비하고, 체크리스트를 만들어 할당된 자원들의 투입과 효율, 효과적으로 활용되고 있음을 확인해야 한다. 또한, 중요 시점마다 진도를 측정하여 계획대로 진행하도록 이끌어야 한다. 추진력, 실행력으로 리더의 실력을 검증받을 수 있다. 아무리 완벽한 목표 설정과 전략, 계획이 수립되어 있다 하더라도 실행하여 결과를 도출하지 못하면 고객, 직원, 주주를 위한 가치 창조에 리더의 역할을 다하지 못한 것이다.

임무 촉진을 위한 통솔력

리더가 자신의 인격 또는 능력으로 구성원을 감화시켜 자발적으로 임무를 완수하도록 촉진하는 기술이며 리더는 부여된 임무를 성공적으로 완수하기 위하여 조직의 모든 노력을 이에 집중할 수 있도록 통솔 능력 향상에 힘써야 한다.

오류를 바로 잡는 판단력

조직의 임무수행 상태를 감독하고 오류를 바로잡는 기능이다. 이는 목표 달성 시까지 구성원들이 자신의 의지와 의도에 일치하도록 지도하고 때로는 상황 변화에 따라 최초 계획과 달리 구성원이나 조직의 기능과 역할을 조정할 수도 있다.

07
리더십 발휘 체계

　리더와 리더십의 정의, 리더의 권한과 책임, 리더의 기능 및
역할을 이론적으로 알고 있다 하더라도 목표를 달성하여 임무
를 완수하려면 리더십을 발휘할 수 있는 상황과 여건을 스스로
만들어가고 발전시켜 놓아야 한다. 특히 조직이 커지면 커질수
록 리더의 개인기에 의한 상황조치 개념으로의 리더십 발휘는
장기 지속성을 보장할 수 없으므로 시스템적으로 리더십을 자
연스럽게 발휘해야 한다.

　이러한 리더십 발휘 과정을 시스템적으로 가능하게 하려면
편성, 수단, 절차를 완벽히 갖춰야 한다. '편성'은 효율적이고
효과적인 조직을 구성하는 것과 구성원의 역할과 책임을 명확
히 하고 임무를 수행하기 위하여 의사결정에 반드시 참여해야
하는 사람들과 의사결정한 후 이를 알려줘야 할 사람들을 규정
하는 것이다. '수단'은 리더가 구성원과 함께 임무를 수행하는

데 필요한 지휘 장소, 측정 가능한 KPI(key performance indicator : 주요성과지표), 계획이나 지시사항, 의사소통, 회의 방식, 일련의 명령 체계를 마련하는 것이며 이러한 모든 것을 사전에 준비된 '절차' 를 따를 수 있도록 프로세스를 잘 만들어 놓아야 한다.

편성: 충실한 팀을 조직

리더가 조직에 부여된 목표를 달성하려면 최고의 팀을 구축해야 하고 이를 위해 좋은 인재를 끌어 와야 한다. 훌륭한 리더는 훌륭한 인재를 만들고 훌륭한 인재가 훌륭한 리더를 만든다. 리더는 항상 외부든 내부든 인재를 찾는 데 고심할 수밖에 없다.

능력과 재주가 뛰어난 사람은 스스로 두각을 나타낸다. 리더는 주머니 속의 송곳처럼 두드러지는 '낭중지추' 를 알아보는 눈을 키우고, 그 송곳을 담을 그릇을 가지고 있어야 한다. 일반적으로 도덕성, 인성, 팀워크, 문제 해결 능력, 인내력, 의사소통 능력, 도전정신, 열정, 조직과 직무에 대한 이해, 직무 관련 전문 지식을 보되 자신과 같이 일을 할 사람인지를 여러 각도에서 확인해야 한다.

직장의 모든 구성원이 자신을 좋아해서 따를 필요도 없고 절대 그럴 수도 없다. 그러나 리더와 함께 일하기 위해 구성된 팀원들은 그래야 한다. 성공한 리더의 핵심 특징 가운데 하나가 팀원끼리 서로 언쟁을 벌이고 적대적인 태도를 보일 수는 있지만, 리더의 의사결정에는 즉각 몸을 던져 수행한다는 것이다. 단단한 팀워크로 리더를 지지하고 등 뒤에서 배신하지 않고 뒤를 지키도록 만들어야 한다.

균형 잡힌 역량을 보유한 신뢰할 수 있는 인재로 구성된 충성스러운 팀이라면 조직은 엄청난 일을 해낼 수 있다. 많은 리더가 충성스러운 팀을 구축해 유지하는 방법을 몰라 내부에서 공격을 받아 무너진다. 충실한 지지자들이 팀을 이탈하고 리더의 실패를 기회로 간주하거나 책임을 회피하는 충성스럽지 못한 팀은 제대로 일을 해낼 수 없다. 이는 모든 업종에서 조직의 크기와 관계없이 적용되는 일이니 성공을 바란다면 명심해야 한다.

사람을 모아 강력한 팀을 만드는 점에서 조심해야 할 것이 있다. 적재적소에 인재를 선발해서 배치하는 것과 임직원들을 승진시킬 때다. 그 자리에 직무설계가 되어 있으면 자질과 능력이 가장 잘 맞는 사람을 보직해야 한다. 물론 현재 직급과 직책에서 워낙 잘하였으므로 상위 보직을 맡겼을 때 잘할 수 있을 것이라고 판단하겠지만, 과장때 잘했다고 부장이나 팀장을 잘하는 것이 아니고, 팀장때 정말 잘했다고 임원의 역할 역시 잘하는 것이 아니다. 맡기고자 하는 상위 직무에 요구되는 능력을 갖춘 사람을 찾아야 한다. 선수 때 잘했다고 해서 감독을 잘하는 것은 절대 아니다. 지휘 장악이 비교적 쉬운 사람, 즉 자기 말을 잘 따르고 고분고분한 직원들을 중용하는 경우가 최악이며, 조직을 망치고 리더십을 약화시키는 비겁한 리더다.

수단 : 통합관리체계 구축

조직이 크고, 관장하는 기능이 다수일 경우 실시간 통합관리체계를 구축해야 한다. 고객과 경쟁 등의 시장 변화에 실시간으로 대응해야 하고, 조직 간에 서로 상충할 수도 있는 목표를 가진 조직이 통합성과 일관성, 지속성을 보장하려면 벌어지는 모든 일을 일목요연하게 보면서 지시, 조정, 통제가 가능하도록 체계를 갖추어야 한다.

시장의 모든 정보 수집과 분석을 실시간으로 하면서 고객이 무엇을 원하는지 경쟁자는 어떤 의도가 있으며 강·약점이 무엇인지, 위협요소는 무엇이고 이에 대한 우리의 대응개념은 어떻게 설정할 것인지, 대응개념 자체의 위험요소는 없는지, 대응개념을 실현하기 위해서 동원 가능한 우리의 자원은 무엇인지, 동시성과 통합성이 달성되도록 할당하고 운영하는지, 임무나 목표 달성을 위해서 조직 간 합의한 우선순위는 지켜지고 있는지, 상하좌우 조직의 의사소통이 이루어지는지, 서로 대립되거나 심지어 어긋난 과업은 없는지, 현재의 운영은 잘 이루어지고 있으나 장래 임무나 목표 달성에 저해 요소가 되거나 운영의 지속력은 담보되고 있는지를 종합적으로 보고, 관리할 수 있는 체계를 확립하고 발전시켜 나가야 한다.

절차 : 표준 운영 절차나 상황에 따른 조직 운영을 위한 사전 준비

리더가 조직을 이끌어 나갈 때, 사전에 준비된 절차를 적용할 때와 상황에 따라 융통성 있게 조직을 운영할 때가 있다. 먼저 절차에 의한 조직 운영은 규정과 방침, 매뉴얼이나 SOP(standard operating procedure: 표준운영절차)를 활용하는 것이다. SOP는 임무를 기억하기가 쉽고 중복이나 누락요소를 방지하며 시간이 절약되는 장점이 있으며, 상황이 명확할 경우나 임무가 단순하고 과업이 사전에 규정한 내용과 일치할 경우에 효과적이다. 그러나 융통성이 적고 제한적이기 때문에 모든 상황에 대한 활동을 규정할 수 없으며, 개인의 창의력을 억제하는 단점이 있다.

상황에 따라 조직을 운영하는 것은 리더가 크고 작은 상황에 직접 개입하여 복잡하거나 불명확한 과업을 달성할 필요가 있을 때 효과적이다. 그러나 지속적인 리더의 개입은 지속가능하지도 않을뿐더러 리더의 오류나 실수가 조직을 곤경에 빠뜨릴 수 있다. 게다가 구성원들이 중요한 판단이나 의사결정을 할 때 리더에게 매번 의존하는 단점이 있다.

따라서 기본적으로 예상 가능하며 일, 주, 월, 분기, 반기, 연의 주기로 반복되는 일은 사전 준비 절차에 따라 시행하고, SOP가 없거나 있다 하더라도 범위가 완전히 벗어나던가, 위기나 우발 상황에서는 리더가 직접 상황에 개입하는 것이 바람직하다.

제2부

성장을 주도하는 10가지 리더십

"하늘을 공경하고 사람을 사랑하라(敬天愛人)"

기업에 근무하는 모든 리더는 고객, 시장, 경쟁, 협력업체, 기술, 법과 제도, 정부 시책 등 모든 기업의 운영에 영향을 미치는 요소들을 잘 알고 '하늘' 처럼 받들어 공경해야 하고, 함께 일하는 동료와 특히 부하 직원들, 즉 '사람' 을 진심으로 아끼고 사랑해야 한다. 특히 두 가지 중에서 한 가지만 선택하리면 단연코 사람에게 집중해야 한다.

　　　　　성공적인 리더십은 구성원을 감동, 감화시
켜 부여받은 임무 완수에 자발적으로 전력을 다할 수 있도록
하는 것이다. 이러한 리더십의 대상은 구성원들이며, 이들은
이성과 감정을 지닌 인격체이므로 리더십은 인간에 대한 이해
와 인간관계를 기본으로 이루어져야 한다. 이를 위해 기업이나
조직에 소속된 모든 구성원의 직급과 직책을 존중하되 서로 동
등한 인격체로서 상호 존중과 배려, 인정과 칭찬을 바탕으로
서로를 격려하면서 도움과 정을 주고받는 건전한 인간관계를
형성하여 신바람 나게 근무할 수 있는 풍토를 조성해야 한다.

　리더는 이러한 상호 존중의 인간관계를 바탕으로 솔선수범
과 정신적, 도덕적 용기를 바탕으로 지혜와 덕을 갖춤으로써
구성원들을 북돋을 수 있어야 한다. 또한, 잘못된 관행과 관습
을 개선하고 권한과 책임의 한계를 명확히 함으로써 상하 조직

별, 기능별, 직책별로 체계적인 업무 수행을 보장하고 자율과 책임을 조화시켜야 한다.

〈하버드 비즈니스 리뷰(Harvard Business Review)〉에 따르면, 리더십과 조직의 효율성을 개선하기 위한 교육 프로그램에 미국 기업은 2015년에 1,600억 달러를 투입했다. 전 세계적으로는 3,560억 달러를 쏟아부었지만, 투자 대비 수익은 형편없었다. 학습한 내용으로 자신의 조직에 반영한다는 계획은 대부분 실패했다.

공통적 장애물로는 전략과 가치에 대한 방향이 불명확하고, 팀워크가 부족하며, 고위 임원이 새로운 방향에 헌신하지 않거나 행동 변화의 필요성을 부정하고, 리더가 하향식 또는 자유방임 스타일이어서 문제에 대해 정직하게 대화하는 것을 방해한다는 점이다.

또 조직 설계의 문제로 사업 부문, 기능별 부서, 지역 간 조정이 곤란하며 경영진의 인재 확보에 대한 관심이 부족하여 심지어 직원들이 고위급 임원에게 조직의 효율을 저해하는 장애물에 대해 말하길 두려워했다. 이런 상황에서 리더십과 조직의 효율성 교육은 그 목적을 실현할 수 없었다. 리더십 향상 프로그램은 교육훈련 과목으로만 존재할 뿐, 실제 조직에서는 받아

줄 체계가 전혀 안 되어 있다.

우리는 지금 리더십을 향상시켜 조직 구성원의 능력을 자발적으로 최대한 발휘하고, 상하관계를 돈독히 하여 임무 완수와 목표 달성에 기여하고자 한다. 진정한 리더, 일관성 있고 지속성 있는 훌륭한 리더십을 갖추기 위해서는 좋은 리더십이라는 '습관'을 만들어야 한다. 습관이 형성되는 이유는 우리 뇌가 활동을 절약할 방법을 끊임없이 찾기 때문이다. 체중의 2%에 불과한 뇌는 몸이 사용하는 에너지의 20%를 사용하는데, 평소의 습관으로 만들어진 무의식으로 행동함으로써 뇌는 에너지 사용을 줄이고 쉴 수 있다.

습관을 위한 무의식은 크게 두 가지 방법으로 형성된다. 로마 전차와 낙인이다. 로마 시대에 수레바퀴의 폭이 같은 전차가 수십 년 동안 계속 같은 길을 지나가면 그 딱딱한 돌로 만든 길이 결국, 움푹 파이면서 마차 길이 되고 만다. 같은 행동을 무한 반복하다 보면 뇌는 그 습관 패턴을 자동으로 따라서 하는데, 이러한 마차 길을 만드는 것과 같이 유사하게 만들어진다.

한편, 목장에서는 소유권을 표시하려고 시뻘겋게 달군 쇠로 가축에 도장을 찍는데, 그 고통이 평생 트라우마로 남을 정도로 강하므로 훗날 비슷한 상황이 예상되었을 때 뇌가 의사결정에 참여하기도 전에 회피 동작을 순간적으로 하는 것을 낙인이라고 한다.

홀륭한 리더가 되려면 무한 반복으로 좋은 리더십 습관을 만드는 한편 남들이 하기 싫어하는 어려운 일에 도전하여 전율이올 정도의 큰 충격을 경험하는 방법들로 훌륭한 리더십을 자신의 무의식에 깊게 뿌리박아야 한다. 리더십은 리더로 오랜 시간을 보냈다고 자연적으로 만들어지는 것이 아니라 원칙에 따른 자기계발 능력으로 스스로 만들어 가는 것이다.

이 책에서 제안하는 리더십 10대 원칙은 조직을 원하는 방향으로 이끌어 가는 지배적인 원리로 리더가 취해야 할 행동 기준이다. 취지와 배경, 목적을 알고 계속 체득하여 습관으로 만들어 이를 자신의 무의식에 심어야 한다. 이 원칙들은 리더의 품성과 자질을 바탕으로 권한과 책임에 따라 조직과 구성원을 승리로 이끌어 가기 위한 지침이다.

리더십 10가지 원칙은 절대적인 것이 아니라 환경과 조건에 따라 변화할 수 있으며, 독립해서 존재하는 것이 아니라 상호 밀접한 관계가 있다. 따라서 리더는 리더십의 본질과 구현 개념을 이해하여 당면한 환경에 따라 각 원칙을 창의적이고 융통성 있게 적용해야 실질적인 효과를 거둘 수 있다.

한국인의 의식 구조와 현 시대적 환경 및 조직의 특성을 고려하여 시행착오 없이 바로 실행하여 성장을 주도하는 10가지 리더십 원칙을 제시하고자 한다.

제1원칙
내 가치관의 최고 결정자가 되라

"기업에서 임원으로 위촉되셨다는 것은, 그분들의 윤리 기준이나 법 준수 의식이 충분히 직원들로부터 존경받을 만하다고 인정받았기 때문입니다. 따라서 문서화시키지 않은 여러 사안에 대해서는 임원들이 회사와 대표 이사께 자신의 행동에 대한 책임을 지신다고 생각해 보면 어떻게 하셔야 할지를 쉽게 판단하실 수 있으리라 봅니다. 더 쉬운 판단 기준은 오늘 나의 행위가 내일 조간신문에 났을 때, 일반인이나 우리 부하 직원들이 어떻게 생각할지 자문해 보시면 쉽게 답이 나올 것입니다."

2001년 윤리 강령을 제정하고자 초안을 들고 대표이사를 포함한 임원 회의에서 보고를 하던 중, 한 분이 "앞으로 거래처와 밥도 먹지 말고, 골프도 치지 말라는 거냐?"라고 역정을 내면서 유통업의 현실을 모르는 탁상행정이라면서 강력하게 수정제안을 했다. 당시 부장 직급인데다가 외부에서 굴러온 돌이라 임원들과 맞서는 모양이 좋을 리 없었지만, 나는 위와 같이 단호하게 맞받았다.

지금 생각해 보면 정말 건방진 부장이었다. 내가 근무했던 대형 유통업은 외부 이해 관계자가 워낙 많아서 공정, 동반, 상생 이슈를 항상 내포하고 있고, 비윤리적인 사건이 발생할 위험에 노출되어 있었다. 내부적으로도 상품, 영업, 마케팅, 물류, 부지 매입, 건설, 테넌트, IT 등 여러 기능이 있어서 어떨 때는 서로 충돌하는 업무 성과 지표로 인해 상위 개념인 전사적 가치관에 동의하고 기여하지 않으면 고객 감소와 시장점유율을 잃는 등 큰 문제가 발생할 수 있었다. 단기적 이익에 집중하다 보면 고객의 시각에서 '깨진 유리창'이 발생하고 직원들의 사기 저하와 고객이탈, 경영 지속 능력이 현저히 떨어지고 만다.

인간은 어떤 가치관을 갖느냐에 따라 행동 양식이 달라진다. 조직의 특성상 부하 직원들은 리더를 모방하려는 경향이 강하기 때문에 리더의 가치관은 구성원의 가치관과 행동 양식에 직접적인 영향을 미친다. 따라서 리더는 직업관, 인생관 등에 대한 가치관을 올바르게 정립해야 하며 조직에 대한 충성, 용기, 책임, 배려, 존중, 창의의 가치관은 이의 기준이 된다.

도덕성이란 바른 일을 행하며 사사롭고 부정한 일을 행하지 않는 것으로 모든 권위의 바탕이다. 리더가 도덕적으로 올바르지 못하면 구성원들이 진심으로 따르지 않는다. 리더는 부정과 부패가 조직을 와해시키는 무서운 존재임을 인식하여 올바른 도덕성을 견지해야 한다.

리더에게 주어진 직책과 직급은 책임과 권한 관계를 규정하기 위해 부여한 것이지 그 자체로 권위를 갖는 것은 아니다. 사람들의 모임은 하드웨어의 우월함에도 불구하고 무형의 정신적 요소를 갖추지 않으면 힘을 발휘하지 못한다. 4대 무형 전투력은 신념, 사기, 기강, 단결이다. 이는 리더가 솔선수범할 때 만들어진다.

신생 조직이나 역경에 처한 기업과 그 구성원은 '카리스마 있는 리더'를 선호하는 경향이 있다. 카리스마는 신으로부터 특수한 능력을 부여받아 기적을 베푸는 능력, 사람의 마음을 사로잡는 능력, 개성으로 상대방을 움직이는 힘으로 정의된다. 자신의 권력으로 사람들을 마음대로 할 수 있다는 생각을 버리고 자신의 마음으로 사람을 움직일 때 진정한 카리스마가 생긴다. 카리스마의 구성요소는 자기표현력, 공감 능력, 신뢰, 설득력, 겸손, 비전, 인연, 유머, 자기극복, 거절의 기술 등이다. 모두 자신의 가치관에서 비롯된다. 가치관이 확고한 리더만이 카리스마가 강한 리더가 될 수 있다.

또한, 조직에서 가장 중요한 요소는 단연코 문화다. 문화는 방향성, 지속성, 일관성이 있을 때 형성되는데, 자신이 이끄는 조직의 올바른 문화를 만들기 위해 아래와 같은 가치관, 정직, 윤리에 대해 스스로 기준을 만들고 지속해서 실천하기를 제안한다.

01. 올바른 가치관을 정립하라

부문을 옮길 때마다 맨 먼저 '사명 선언서'를 반드시 작성한다. 내가 맡은 부문과 부문장으로서의 비전, 사명, 핵심 가치, 원칙, 문화(Vision, Mission, Core Values, Principles, Culture)를 1개월 이내에 작성하여 구성원들과 공유하는 것을 최우선 과제로 추진한다.

이때 가장 유의해야 하는 점은 전사적 사명에 기여하는가와 다른 부문과 어떻게 조화롭게 협업해 나가는가이다. 그리고 조직의 철학적 개념을 하향식으로 리더의 생각을 정리해서 하달하여 직원들이 따르도록 지시하면 자발적 동참보다는 심리적 저항이 있을 수 있으므로 워크숍에서 분임토의 등의 방법으로 전 직원이 참여하여 수평적 절차로 만드는 게 효과적이다.

기업을 다른 말로 법인이라 한다. 법인격체의 준말이다. 법적으로 기업을 사람으로 의인화시켜 사회적 책임과 권한을 부여하는 의미다. 사람이 인격을 가지고 있는 것처럼 회사도 사격, 즉 품격을 갖추고 있다. 한 인간이 절제, 포용, 배려, 정직, 신의 등의 품격을 지니는 것은 내면의 가치관으로 일관성 있는 자세와 태도가 밖으로 표출된다고 본다. 법인격체인 회사 또는 기업도 어떤 가치관을 따르고 있느냐가 그 기업의 품격으로 나타난다. 사람의 모임인 회사는 회사정관이나 취업규칙 또는 회사 로비나 대표 이사실, 중역 회의실에 액자로 멋있게 걸린 '회사의 사명'에 따라 만들어지는 것이 아니라 모든 리더의 말과 행동이 일관되고 지속되었을 때 '브랜드화' 된다.

경영 진단을 할 때 임원, 간부, 사원 1명씩 뽑아서 회사가 가장 중요하게 생각하는 것 3가지씩 적어 보라고 한 다음 이를 비교해 보면 그 회사의 수준을 바로 알 수 있다. 만약, 9개가 전부 다르다면 형편없는 회사일 것이고 조직이 아니라 한 사람의 가치관이 이렇게 전부 다르다면 조현병이나 노이로제에 걸린 사람일 것이다.

CEO부터 전 임직원이 가치를 동일하게 공유하고 실천해야 리더와 구성원이 한 방향으로 나아갈 수 있다. 〈하버드 비즈니스 리뷰〉에 따르면 이러한 가치경영 회사는 그렇지 않은 기업보다 수익은 4배, 일자리 창출은 7배, 주가는 12배로 월등하다고 한다.

1. 우리가 추구하는 핵심적 가치는 무엇인가?
2. 우리는 무엇을 상징하는가?
3. 주위 사람들이 우리를 어떻게 생각하길 원하는가?
4. 우리는 어떤 특성을 갖고 싶은가?
5. 근본적으로 우리는 왜 존재하는가?

위의 질문은 전사적 차원에서와 내가 맡은 조직 내에서 나 개인의 생각과 공명이 되도록 해야 한다. 또한, 소규모 조직에서 구성원이 지켜야 할 규칙을 업무가치(work value)라고 하는데 리더는 이를 명확하게 구축해 그것을 따르도록 장려해야 한다. 조직에는 다양한 구성원이 있으므로 일할 때 중시하는 가치가 다르면 서로 충돌할 수밖에 없다. 조직이 중요시하는 업무가 있을 때, 서로 다른 가치관을 가진 구성원 간의 갈등을 최소화하고 구성원의 행동을 한 방향으로 이끌려면 반드시 원칙을 정하고 실수를 피해야 한다.

'다르다' 와 '틀리다' 를 혼동하여 발생하는 구성원 간 갈등을 최소화하고 행동을 한 방향으로 이끌려면 조직에서 반드시 지켜야 할 원칙과 기준을 정해야 한다. 자율은 몰입을 이끌지만, 방임은 갈등을 일으킨다. 가치관의 공유는 조직의 리더에게 있어서 최우선 과제다.

02. 정직함의 힘을 믿어라

신뢰 자본이라는 말을 들어본 적 있는가? 신뢰란, 상대가 자신의 기대 혹은 이해에 맞도록 행동할 것이라는 주관적 생각이다. 누군가를 믿을 때 그가 배신하지 않을까 염려하거나 두려워하지 않고 편안한 마음을 가질 수 있는 상태를 말한다. 따라서 신뢰가 있다면 조직에서 감시와 통제하는 비용을 줄일 수 있고, 상호 신뢰를 바탕으로 협업할 수 있으므로 신뢰를 '사회적 자본' 이라고 한다.

국가가 지속적인 경제성장을 달성하고 이와 함께 국민 삶의 질이 꾸준히 높아가면 '신뢰' 라는 자본이 풍부한 국가라고 미국 스탠퍼드대학교 교수 프랜시스 후쿠야마는 정의했다.

미국의 신경제학자 폴 자크는 국가의 구성원, 즉 국민이 서로 믿을 만하다고 응답한 비율이 15% 증가할 때마다 국내총생산(GDP)이 1% 상승한다는 연구로 후쿠야마의 신뢰 자본의 효용성을 입증했다. 안타깝게도 GDP 세계 11위인 우리나라는 '다른 사람을 신뢰할 수 있는가' 라는 물음에 26.6%만이 '그렇다' 고 응답함으로써 OECD 35개 국가 중 23위였다.

조직에서는 리더가 구성원을 잘 믿지 않아 심각한 불협화음을 일으키는 경우가 흔하다. 그들의 열정과 능력으로 그 위치까지 올라간 만큼 그들의 탁월함이야 인정하지만, 문제는 그들이 직원을 못 믿고 사사건건 간섭하거나 조금만 일에 차질을 빚어도 만회할 만한 시간을 주지 않고 내치는 경우가 자주 있다는 것이다.

그나마 열정을 갖고 있던 인재들도 그런 모습을 지켜본 뒤로는 충성심이 떨어질 수밖에 없고, 결국 그 리더의 조직에는 사람이 자주 바뀌고 인재가 머물지 못한다. 자신만의 성공 신화로는 사람들의 마음을 사로잡을 수는 없다. 구성원을 진정으로 믿고 존중하는 신뢰의 리더십을 보여 주어야 존경을 받을 수 있다. 구성원을 믿고 맡길 때 신뢰가 생긴다.

그럼 조직에서 신뢰를 어떻게 만들어 가야 할까?

단연코 리더를 포함해 모든 구성원이 정직해야 한다. 정직해진다고 부하를 못 미더워하는 상황이 바로 해결되지는 않지만, 모든 일이 숨겨지지 않고 투명하게 책상 위로 다 올라와 현실을 서로 공유하게 되면 적어도 문제 해결의 노력을 시작할 수 있다. 또한, 사태가 심각해지기 전에 조치할 수 있다.

사실 리더는 리더대로, 동료는 동료대로, 부하는 부하대로, 정직하기 어려운 여러 가지의 상황과 여건이 많은 이유를 만들어낸다. 특히 위계적 관료주의가 깊게 뿌리박힌 조직에서는 정직한 구성원이 '모난 돌'이 되어 본인도 힘들고 조직의 갈등요인이 될 수도 있다. 얻는 것보다 잃는 게 많다. 그래서 조직을 올바르게 운영하기 위해서는 리더부터 먼저 정직해야 한다.

리더는 아프더라도 현실을 직시할 용기를 가져야 한다. 일반적으로 현장에서는 문제점과 해결책을 알고 있는 경우가 많은데 의사결정자들에게 올라가기 전에 차단되는 경우가 많다. 과연 이럴 때에도 훌륭한 인재들이 회사에 남아서 열심히 일할까? 조직이 정직하기만 해도 성과는 상상을 초월할 정도로 수직상승할 것이다.

조직이 정직해지려면 리더가 솔직한 모습을 보여 주어야 한다. 리더도 인간으로서 실수하는 경우가 있다. 아니, 많다. 이럴 때 리더는 권위나 체면을 의식하여 우회적이거나 강압적인 방법으로 회피해서는 안 된다. 인간적으로 통하는 솔직함과 구성원의 책임까지도 스스로 감수하려는 태도를 보여 주어야 한다. 구성원은 이러한 리더에게 인간적인 매력을 느끼게 되고 진정으로 신뢰하게 된다. 정직이야말로 항상 최선의 해결책이다. 정직함의 힘을 믿어라!

03. 윤리적 신념에 따라 행동하라

리더는 어떤 부정과 유혹이 왔을 때 '이 정도는 괜찮겠지' 하는 자신의 판단 기준으로 행동해서는 안 된다. 항상 명예를 귀하게 여기고 올바른 가치와 규범에 따라 판단하고 행동해야 한다. 도덕적 용기와 윤리적 신념을 지켜 내야 한다. 도덕적 용기는 불의와 부정에 타협하지 않으며 옳지 않은 유혹을 과감히 물리칠 수 있는 용기를 말한다. 또한, 옳다고 판단되는 것은 위험과 책임을 무릅쓰고 실천하는 용기가 있어야 한다.

리더가 불의와 부정에 타협하면 자신의 명예를 실추시키며, 자신의 안위에만 집착하면 구성원으로부터 신뢰를 얻을 수 없다. 리더는 개인적인 욕심이나 사사로운 정에 이끌려 일을 처리하지 않고, 공과 사를 명확히 구분해서 일을 처리해야 존경과 신뢰를 받는다. 따라서 리더는 사적인 일보다는 항상 공적인 일을 앞세워야 하며 개인의 이익보다는 조직의 이익을 우선해야 한다.

『논어』에 "바라되 탐욕을 부리지 마라(欲而不貪)"라는 말이 있다. 리더는 청렴해야 한다. 물론 자본주의 사회에서는 열심히 일한 보상으로 승진하고 급여 등의 보상을 제대로 받아 부자가 되려고 노력해야 한다. 문제는 사심이다. "작은 조직으로 큰 조직을 이길 수는 있어도 부패한 조직이 건강한 조직을 이길 수는 없다"는 말처럼 부패는 조직의 단결을 저해시키고 사기를 떨어뜨려 회사를 망가뜨리는 근원이다.

리더가 사적인 욕심을 버리고 청렴하게 조직을 이끌 때 직원들은 진심으로 믿고 따른다. 리먼 브러더스가 조직, 자금, 전통, 인재를 다 갖췄음에도 망한 이유는 탐욕에 찌든 사고방식 탓이었다고 생각한다.

윗물이 맑아야 아랫물이 맑다. 특히 리더는 자신에게 엄격하고 부하에게 관대해야 한다. 법과 규정을 지키는 데는 예외가 있을 수 없고 모든 사람에게 똑같이 적용해야 한다. 리더라는 이유로 다른 사람과 달리 특별한 대우를 은근히 바라거나 요구해서는 안 된다. 스스로 윤리적 신념을 지키고 행동해야 신뢰와 존경을 받는다.

구성원에 대해서는 사안에 따라 관용을 베풀어서 자신의 잘못을 스스로 느끼고 자발적으로 복종하도록 해야 한다. 남에게는 봄바람처럼 포근하게 대하되, 자기에 대해서는 가을 서릿발처럼 엄정해야 한다. 잭 웰치 전 GE 회장은 사내 폭발 사고를 회상하며 "사람이 실수를 했을 때 가장 필요한 것은 격려와 관용이며 잃어버린 자신감을 회복하는 것이다"라고 했다.

리더는 다른 사람에게 보이지 않는 곳에서도 부끄러움이 없어야 한다. 신독(愼獨: 홀로 있을 때도 도리에 어긋남 없이 언행을 삼감)해야 한다.

제2원칙
비전과 목표를 제시하라

"이 세상에서 가장 불쌍한 사람은 시력은 있으나 비전이 없는 사람이다."

- 헬렌 켈러

나는 어떤 자리에 가더라도 최고를 꿈꿨다. 나의 조직이 2등이나 3등이 되었으면 좋겠다는 꿈을 꾸지는 않았다. 1등 보안, 1등 물류, 1등 슈퍼, 1등 마케팅, 1등 상품 등등. 회사에서 담당하는 업무가 달라지거나 대규모 프로젝트를 맡게 되면, 자동으로 하는 나름의 목표 수립 절차가 있다.

"Take the best and make it better(최고의 것을 가져와서 더 좋게 만들겠다)."

홈플러스 회장님께 배운 것이다. 내가 맡은 분야나 이 프로젝트의 세계 최고가 누군지, 어떤 면에서 세계 최고인지를 조사한다. 그리고 그보다 더 낫게 하려고 노력한다.

홈플러스는 1등이 아니다. 국내에서도 1등이 아니므로 세계

1등은 꿈꾸지 않는 게 오히려 현실을 직시하는 태도일 수도 있다. 하나하나 기능별로 따지고 봐도 1등이라고 내세울 게 없다. 그렇다고 리더가 1등을 꿈꾸지 않으면 아예 노력도 하지 않는다. 조직은 리더의 비전이며, 꿈을 꾼만큼만 자란다.

어떤 직책을 처음 받았을 때의 마음가짐은 최선을 다해서 조직을 1등으로 이끌어 나가보자는 마음이었다. 강한 책임감을 앞세워 가치 있는 비전을 공유하여 승리라는 결과를 도출해 내 멋지게 성공하고 싶었다.

비전은 조직의 미래에 대한 진취적이고 장기적인 청사진이다. 자연스러운 소통으로 목표를 달성하기 위해 리더만의 방식으로 고집부리지 않고, 모든 이가 하나 된 마음으로 함께 비전을 공유하며 나아가야 한다. 자유로운 의사결정 속에서 하나가 되어야 강한 조직이 구성되며, 가치 있는 일을 할 수 있다.

그러나 비전을 달성하지 못했더라도, 책임자를 찾아 질책하는 것이 아니라 이번에 이루지 못했을 뿐 다시 도전하면 된다. 실패라고 단정 짓지 말고, 목표를 향해 최선을 다해 나아간 노력을 높이 평가해야 한다. 도전하는 과정에서 공동체 의식과 단결은 더 큰 목표를 달성할 수 있게 하는 원동력이 된다.

무엇보다 꿈과 비전은 달성 가능성보다는 얼마나 구성원을 하나로 만들었으며, 다음에 더 큰 가치를 위해 뛸 수 있느냐에 따라 그 가치가 결정된다. 가치 있는 비전을 공유하면 구성원들의 의지와 용기를 북돋워 주고 노력을 통합시킬 수 있다.

비전은 현실적이고 가능성이 있으며 신뢰할 만한 것이어야 한다. 이러한 비전을 수행하려면 성취하고 달성해야 할 것이 목표다. 비전과 목표는 조직이 나아갈 방향을 알려주며 구성원들의 동기를 유발시켜 자발적으로 참여할 힘을 준다.

비전과 목표가 없는 조직은 망망대해에서 갈 곳 모르고 떠다니는 돛단배와 같다. 따라서 리더는 조직의 비전과 목표를 구성원들에게 명확하게 제시해야 하며, 단지 문서나 구호로 그치는 것이 아니라 실현되도록 행동으로 실천해야 한다.

모든 조직 운영은 명확하고 결정적이며 달성 가능한 목표를 지향한다. 기업에 있어서 궁극적인 목표는 고객 창출에 있다. 각 기능과 하부 조직의 목표는 궁극적으로 고객이 원하는 가치를 창조한다는 목표 달성에 가장 직접적이며 신속하고 경제적으로 기여해야 한다. 목표는 임무, 가용한 수단, 시장과 경쟁, 고객을 고려하여 선정해야 한다.

모든 리더는 목표를 정확히 알고 이에 따라 예상되는 행동까지 고려해야 한다. 너무나 상식적인 원칙이라 이런 것까지 키워드로 기술하느냐고 생각하는 리더가 있다면 이끄는 조직의 구성원과 하부 조직의 구성원들에게 우리가 지향하는 목표가 무엇인가를 질문해 보기 바란다. 특히, 상위 조직의 목표에 반하는 하위 조직의 목표가 많다는 것, 심지어 그 목표를 달성하면 인센티브를 주는 조직도 있음을 알아야 한다. 열 마리가 끌고 가는 큰 수레도 그중 한 마리가 다른 방향이나 반대 방향으로 뛰면 수레가 멈춘다. 목표를 조준하지 않고 총을 마구 쏘면서 명중하기를 기대하는 조직도 많다.

01. 실현 가능한 비전과 명확한 목표를 제시하라

> "만일 당신이 배를 만들고 싶으면, 사람들을 불러 모아 목재를 가져오게 하거나 일을 지시하거나 일감을 나눠 주거나 하지 마라. 대신 그들에게 저 넓고 끝없는 바다에 대한 동경심을 키워줘라." - 생텍쥐페리

2009년 3월 1일, 홈플러스는 대형마트 최초로 TV 광고와 직전에 만든 홈플러스송을 무기 삼아 창립 10주년 행사를 대대적으로 벌였다. 대형 유통업체들은 이러한 기습 작전에 사상 유례 없는 경쟁을 다투어 벌이기 시작했다. 이 일은 지금도 매년 3월 대형마트와 슈퍼마켓 고객들이 줄을 서서 행사를 기다릴 만큼 폭발적 관심을 끌게 된 계기가 되었다.

2008년 마케팅 부문을 담당하면서 시장점유율과 경쟁, 고객, 카테고리별 실적을 분석해 보니 2등 이미지가 굳어져 가고 있었다. 딱 한 번 살고 가는 인생인데 왜 2등에 만족해야 하는가? 대형마트끼리의 경쟁에서 시장지배력 1위는 지속가능성에 있어 엄청난 의미를 가지므로 '대한민국 1등' 이라는 용어를 자신 있게 쓰고 싶었다. 특히 홈에버를 인수해 통합 작업이 성공적

으로 완료되어 이제는 1등을 노려볼 만한데도 우리 임직원들이 2등에 안주하며 1등을 해 보려는 시도조차 하지 않는 것을 보면서 가슴이 쓰라렸다.

그래서 '하루를 이겨 보자. 그러면 1주일을 이길 수 있는 역량을 갖출 테고, 그다음엔 한 달을 이기려는 의지가 생길 것이다'라고 생각했다. 사실 점포별, 카테고리별, 기능별, 시기별로 더 잘하는 것을 찾아낼 수도 있으나, 전사적으로 '승리'라는 정신적 충격을 만들려면 계기가 필요했다.

홈플러스는 회계연도가 3월에 시작하고 경쟁사는 1월에 회계연도가 시작하므로 3월이라는 의미가 양사에 다르게 작용한다. 홈플러스는 새로 시작하는 연도, 새로운 분기의 첫 달이므로 과감한 투자가 가능하다. 경쟁사는 상장기업이라 공시에 필요한 분기 실적에 민감한 시기이므로 아무래도 손익에 더 초점을 맞추어야 한다.

일반적으로 대형마트의 행사는 2주 단위로 이루어지므로 회계연도를 시작하면서 최초 2주간 기습적으로 전년도 기준으로는 도저히 상상하지도 못할 정도의 행사를 기획했다. 이전에는 회계상 연말 재고 관리 등의 문제로 3월 4주 차에 행사를 시작할 수밖에 없었는데 CEO를 포함한 모든 임원들을 설득하고 관런 임직원들과 수십 차례의 미팅을 통해 3월 첫 주차 시작에 동의를 받았다.

준비는 6개월 전부터 했다. 홈플러스송을 만들고 2008년 7월 한 달 동안 TV 광고를 실행해서 효과를 측정해 보았다. 행사 품목을 선정하고 가격 등 행사 방법을 결정한 후, 행사 위치와 진열 방법을 개선했다. 상품 공급업체 대표나 임원들과 상호 윈-윈 방안을 모색하고 발주, 운송, 물류, 재고 등을 시간 단위로 확인하고 관리하는 종합상황실을 운영했다. 점포 내에서 행사를 홍보하고 안내했다. 계산대, 서비스 카운터, 주차장 등의 영업팀 역할이 아주 중요하므로 10주년 행사 발대식을 점포별로 가지면서 전의를 북돋웠다.

3월 내내 진행할 TV 광고의 컨셉을 '타임머신 1999'로 정하여 10년 전 가격으로 판매한다는 내용으로 발전시키고 인기 있는 예능 프로그램 '1박 2일' 팀을 광고모델로 섭외했다. 대형마트 역사상 최초로 파격적인 12페이지 분량의 전단을 만들어 전국의 대형마트 상권에 행사 계획을 알렸다. 점포 내의 모든 TV와 BGM에서는 홈플러스 광고와 노래가 흘러나와 주부 고객과 동반한 어린아이들이 따라 부르기도 하였다.

결과는 대성공이었다. '기습 작전'은 상대가 모르도록 하는 것도 물론 중요하지만, 알더라도 대응할 수 없게 하는 것이 더욱 효과적이다. 아무리 보안을 유지했더라도, 상품을 공급하는 거래처가 있고, 큰 행사는 오래전부터 준비해야 하므로 경쟁사들이 조금만 관심을 기울이면 눈치 챌 수 있었다. 2009년 3월처럼 아무리 단기적이더라도 매출이 역전되도록 방치하지는 않았을 것이다.

이에 힘입어 2010년 김연아, 2011년 아이유와 강호동, 2012년 윤도현과 백아연으로 이어진 TV 광고로 팡파르를 울리며 회계연도 시작부터 승리의 기쁨을 누릴 수 있는 자신감과 역량을 갖출 수 있었다. 물론 이런 단기간의 행사로 유통업계 1등이 될 수는 없다. 조직이 클수록 구성원들의 생각이 다를 수 있으므로 성공의 가능성을 직접 경험하게 하고, 적어도 1등이 되어 보겠다는 비전에 동의하고 함께 노력에 동참하려는 의지를 북돋운 데 의미가 있었다고 자부한다.

리더의 비전은 조직의 나침반이다. 따라서 개념적이며 추상적인 비전과 목표는 구성원들의 동기를 유발하지 못한다. 비전과 목표는 직원들이 실현 가능하다고 믿을 수 있도록 조직의 존재 가치와 특성, 조직원들의 욕구에 따라 수준에 맞도록 구체적이고 명확하게 제시해야 한다.

좋은 비전은 '앞으로 이러이러하게 해 나갈 것이고 그게 성취되었을 때 이런 모습이 되어 있을 것이다' 라는 미래상을 제시하는 것이다. 또한, 회사의 이해 당사자가 비전 달성 시 이익을 기대할 수 있어야 하고 환경 변화에 대응할 수 있도록 독자적이면서도 융통성이 있어야 하며, 비전의 구호가 명료하고 쉬워 쉽게 전파할 수 있어야 한다. 비전 제시는 리더십의 핵심 요소다.

특히 경영 혁신을 요구하는 비전을 제시할 때는 리더의 경영 혁신의 기본 방향을 명백히 밝힘과 동시에 개인적인 단기적 성과나 이익보다 회사 전체에 도움이 되는 행동을 하도록 이끌고 개개인의 힘을 한 방향으로 모아야 한다. 각기 다른 행동을 가장 효과적으로 조화하여 리더뿐 아니라 구성원 모두 이뤄낼 수 있어야 한다.

02. 비전과 목표를 공유하라

"나는 내가 어디로 가는지 알고 있고 구성원도 내가 어디로 가는지 알고 있다." - 잭 웰치

부문장으로 취임하면 1개월 이내에 부문 전 임직원이 참석하는 워크숍에 참가한다. 마치 상사에게 보고하듯이 부문 전 직원에게 업무 계획을 브리핑하고 실무진이 어떻게 기여할 것인가까지 토론하고 발표와 피드백이 이어진다. 연 2회, 우리의 장기 비전과 연 단위 경영 계획의 진도를 점검하고 나아갈 바를 정하는 반기 워크숍을 진행한다. 매월 월례회의를 하면서 간단히 마음을 다질 수 있는 계기를 만든다.

우리 부문은 연초에 팀과 개인별로 재미있는 문서 하나를 작성하여 제출한다. 바로 '공적서' 다. 한 해를 마감하면 홈플러스에서는 지난해 실적을 평가하여 큰 상을 주는데, 이때 제출할 공적서를 미리 작성해 놓는다.

내년에 우리 팀이 최우수상인 '대상' 을 받으려면 이 정도는 해야겠다는 팀의 각오이기도 하다. 팀장 혼자 만드는 것이 아니라 팀원 전체가 모여 작성하고 팀원들의 서명을 받아 제출한다. 본부장들이 팀들과 몇 차례 수정 보완을 거친 후 부문장에게 제출하고 원본은 팀장석에 붙여 놓고 근무한다. 개인의 공적서는 팀장이 검토하고 확인 후 개인별 책상에 부착하고 일한다. 비전은 일관되게 지속해서 공유하고 챙겨야 목표에 다가갈 수 있다.

03. 바로 행동으로 실천하라

"위대한 사회란 사람들이 자신이 가진 재산의 양보다 자신이 가진 목표의 질에 더 관심을 두는 것이다." - 미국 36대 대통령 린든 존슨

비전과 목표가 아무리 잘 설정되어 있다 하더라도 실천하지 않으면 아무 소용이 없다. 리더는 비전과 목표를 달성하면 개인 및 소속 팀이 현재보다 더 나아질 수 있다고 확신하고, 비전과 목표가 잘 수행되고 있는지 지속해서 점검하여 행동으로 실천해야 한다.

농심 신라면은 계속 도전을 받고 있으나 라면 1등 브랜드다. 농심인들은 세계 최고의 라면을 만들기 위해 오늘도 우리가 상상하지도 못하는 엄청난 노력을 기울이고 있다. 마케팅 담당 부사장 시절, 농심의 영업 고위 임원과 식사하는 자리였다. 브랜드 얘기가 나와 웃자는 의미에서 다소 경솔하게 말을 건넸다.

"에이, 30년 전에 상품 하나 잘 만든 덕분에 지금까지 농심 임원들 편하게 장사하고 있잖아요?"

"안 부사장, 상품이나 브랜드에 대해 좀 아는 줄 알았더니 정말 실망입니다. 우리 신라면이 최초 만든 레시피 그대로 생산

라인 돌리면 그냥 만들어지는 줄 아세요? 라면을 제대로 만들려면, 면에는 밀가루, 팜유, 소금이 들어가고 분말 수프 하나 만드는데 마늘, 생강, 고추, 설탕이, 건더기 수프에는 표고버섯, 당근, 골파, 마늘, 건조 해초가 들어갑니다. 모든 원료의 산지가 똑같다 해도 그해의 일조량, 강수량에 의해, 수확시기에, 보관 운송, 관리 등에 의해 맛이 다른데, 30년 이상 신라면 본연의 맛을 그대로 유지하고 심지어 더 낫게 하려고 회장님부터 공장의 제조 사원까지 정말 피눈물 나는 노력을 하는데, 그런 말씀 마세요."

워낙 오랫동안 친하게 지낸 분임에도 갑자기 정색하시며 말씀하셨다. 나에게는 크게 배운 날이었다. 세계 최고가 되겠다는 비전과 목표를 세웠다면 적당히 노력해서 되는 것은 절대 없다는 것을 다시 한 번 깨달았다. 독하게 실천해야 가고자 하는 방향으로 조금씩 움직여 가는 것이다.

나는 개그맨들을 존경한다. TV에 출연할 수 있는 개그맨들은 극소수다. 그 자리까지 가려면 무명시절부터 엄청난 노력을 하여 대학로 등의 공연에서 최고가 되어야 한다. 공중파 방송국의 정식 개그맨으로 입사해도 주간 단위로 개그 프로에 올리기 위한 아이디어 회의에 최선을 다해야 하고 무대에 올리기로 결정됐으면 고작 3~5분 정도 방송되는 녹화의 완성도를 높이고 자 일주일 내내 철야 연습을 계속한다. 완벽히 준비해서 자신 있게 무대에 올라가더라도 새벽부터 줄 서서 입장권을 받아 관 객석을 메운 청중이 팔짱을 끼고 매서운 눈으로 '그래, 한번 웃 겨 봐' 하고 노려보고 있으면 식은땀이 절로 난다. 호응이 저조 하거나 NG가 몇 번 생겨 통 편집이라도 당하는 날이면 1주일 이 헛고생이고 이런 일이 몇 번 반복되면 마이너리그로 또 내 려가야 한다.

세상 모든 이들이 자신이 가장 열심히 산다고 얘기하겠지만, 그렇게 치열하고 절박하게 사는 사람들이 얼마나 될까 하는 생 각이 든다. 비전과 목표를 세우는 것 자체가 물론 중요하지만 그것을 이루기 위해 행동으로 실천하는 것이 결정적인 리더십 이다. 과연 우리는 최고가 되겠다는 비전과 이를 실현할 수 있 는 목표를 세워 놓고 이를 달성하기 위해 지독하게 달려가고 있는가?

제3원칙
이겨 놓고 싸워라

리더는 아무나 할 수 없는 힘든 자리다. 그렇더라도 힘들다고 불평하거나 안 되는 이유를 논리적으로 잔뜩 늘어놓는 자리도 아니다. 힘들 때 이겨야 진정한 리더다. F1 자동차 경주를 보라. 직선 주로에서 상대를 이기는 경우는 거의 없다. 조금만 실수하면 벽을 들이박거나 외부로 튕겨 나가는 코너에서 주로 승부가 난다. 그것도 거의 예각으로 심하게 꺾인 코스에 강한 선수가 두각을 나타낸다. 기업도 마찬가지다. 생산만 하면 바로 완판 되고 항상 경쟁사를 월등한 상품과 서비스로 시장 점유율에서 압도하며 늘 고객이 넘쳐나는 태평성대에서 오나나 CEO 또는 영업팀장의 위대함이 드러나지는 않는다. 거친 풍랑 속에서, 역풍 속에서 리더는 더 빛나는 법이다. 다시 한 번 얘기한다. 이겨야 한다. 아니 이겨야 산다.

2005년 SCM 부문장으로서 심혈을 기울여 아시아 최고의 함안 신선물류센터를 오픈하고 성공적으로 운영하고 있을 즈음, 역삼동 본사 1층 로비에서 점심을 먹으려고 다른 부서 직원들을 기다리고 있었다. 갑자기 뒤에서 누가 어깨를 툭 치면서 "안 상무가 익스프레스를 맡으면 잘할 거 같은데……." 하면서 지나갔다. 바로 회장님이셨다. 다른 말 없이 빌딩을 나가시는데, 소름이 쫙 끼쳤다. 발령이 날 때까지 전혀 말씀하지 않다가 360도 평판 조회, 인사 부문의 건의 등을 경청하여 심사숙고하되 당신의 판단이 맞다고 생각하면 바로 실행에 옮기는 분이라, 입 밖으로 그런 말이 나왔다는 건 이미 머릿속으로 정리가 되셨다는 뜻이었다.

보안, 안전관리, 재고조사, 감사를 맡았다가 임원으로 승진하여 2년의 물류경험 밖에 없는데, 신규 사업인 데다 국내 내로라 하는 기업이 시도했다가 거의 실패했던 100평 미만의 슈퍼마켓 사업, 특히 그 당시 슈퍼 익스프레스 부문을 맡고 계셨던 임원은 유통업에 관한 한 우리나라에서 최고의 실력자셨다. 경험과 지식의 깊이가 남다르고 논리적으로 상사와 동료, 부하직원을 설득하는 능력이 압도적이라 신규 사업을 추진할 때 발생하는 조직적인 반대와 갈등을 잘 풀어나가는 분이었다.

또 우리나라 기업에서 무시할 수 없는 사내 연공서열 면에서도 회장님 다음이라 사실상 그 사업에 최적임자셨다. 내가 그 자리에 간다면 대형마트와는 사업의 특성이 매우 다르고, 슈퍼에 대한 경험도 전혀 없고, 전사적 지원을 받기에는 입지가 약하고, 익스프레스에 근무하는 직원들도 전혀 몰라서, 어떻게 보면 최악의 선택이 될 수도 있는 인사 발령이었다. 그러나 우려대로 2개월 뒤 슈퍼 익스프레스 부문장으로 발령받았다.

자리를 옮긴 첫날, 기본적인 현황을 파악하기도 전에 내 책상 위에 놓인 6개의 봉투를 보고 현실을 깨달았다. 성공적인 사업 모델을 만들기 위해 열심히 노력했지만 비즈니스 모델은 완성되지 않았고, 몇 개 되지 않은 여러 규모의 모델 점포에서의 실적은 날로 악화되고 있는 데다, 다른 부문에서도 전사적 실적을 훼손하는 천덕꾸러기로 취급해 전혀 도와주지 않으니 과장, 대리급들이 사표를 낸 것이었다.

심지어 영국 테스코 그룹 회장의 지시로 신규 사업인 익스프레스 부문의 실적이 한국 전체 사업 실적을 나쁘게 보이게 하니 아예, 경영관리에서 제외시켜 별도로 분리해서 관리했다. 직원들이 소외감을 느끼면서 성공 가능성이 없는 사업에 장래를 걸 수 없어 떠나는 일이 속출했다. 사업 성공이 확신될 때까지는 신입사원도 배정하지 않으니 인력 구조에도 문제가 생겨 본사나 점포 직원들의 사기는 땅에 떨어져 있었다.

신규 사업의 성공에 대한 확신을 조기에 심어야 직원들이 업무에 몰입할 수 있으므로 시간도 많지 않았다. 1개월 이내에 성공 모델을 제안하고 3개월 이내에 성공 점포를 보이고 6개월 이내에 성공 사업이라는 손익계산서를 경영진에게 내보이겠다고 결심했다. 그래야만 성공 확신에 따라 테스코 그룹의 지도와 홈플러스 그룹의 전사적인 적극적 지원을 받을 수 있었다. 가장 소중한 우리 부문 직원들의 사기를 올려 100% 그들의 능력을 쏟게 만들 수 있는 선순환 구조를 만들어야겠다고 생각했다.

"승부와 성패가 판가름 나는 분야에서는 이겨 놓고 싸워야 한다. 지는 싸움을 하면 안 된다."

불과 4개월 뒤 익스프레스는 흑자로 전환하였고 성공 비즈니스 모델 제시와 성공 점포 완성이라는 목표를 달성하여 지금의 500여 개 점포의 초석이 되었다.

성웅 이순신 장군의 일대기는 모든 리더들이 곱씹어 봐야 한다. 1592년부터 1598년까지의 7년간 임진왜란과 정유재란을 겪으면서 장군은 23번 싸워 23번 모두 이겼다. 충무공으로부터 교훈을 얻기 위해 최초의 승전인 옥포해전부터 적의 흉탄에 돌아가신 노량해전까지 실제 그 전투현장에 가보면 20년 군복을 입었던 군인 출신으로서 저절로 머리가 숙여진다. 조정의 무능으로 인한 지원 부족과 당파 싸움으로 투옥과 백의종군 등, 정치적 박해는 차치하더라도 그 당시의 열악한 정보수집 능력에서 어떻게 세계에서도 유례를 찾기 힘들 정도의 복잡한 지형과 조류, 사계절의 변화와 밤낮의 작전환경 변화에도 적과 지형에 대한 정확한 정보를 수집하여 작전계획을 수립하고 부족한 여건에서 인사, 군수지원 방안을 만들어 시행하고 두려움에 질린 병졸들을 조련시켜 이기는 싸움만 했을까?

 1592년 4월 14일 임진왜란이 일어난 후 한 달도 채 안 된 5월 7일에 옥포해전이 벌어졌으며 처음으로 해상에서 승리하였다. 임진년에만 10전 10승으로 왜적들의 후방을 끊어 작전지속 능력을 궤멸시킨 이순신 장군의 임진왜란 직전의 기록을 보면 장차 벌어질 전쟁을 예측하고 철저히 준비하셨음을 알 수 있다. 거북선을 설계, 건조하여 실전에 배치한 일자들을 보면 2월 8일 돛에 쓸 베로 짠 특별히 직조한 포를 하사받고 3월 27일 거북선을 출정하여 포격 연습을 하고 4월 11일 돛을 제작 완료하여 거북선에 설치한 뒤 4월 12일 지자포, 현자포를 시험 발사했다. 그리고 이틀 뒤 임진왜란이 발발했다. 이걸 우연이라고 생각하는가?

 전투는 나의 의지를 상대에 강요하고, 적의 전투의지를 말살

하는 행위다. 적이 원하는 시간과 장소, 방법으로 싸우면 안 된다. 내가 이길 수 있는 시간과 장소, 방법을 구상하여 적에게 강요해야 한다. 이순신 장군의 승전은 그렇게 이루어졌다.

그래서 주인의식을 강조하고 적극적, 능동적, 자발적 태도를 권장하며 열정을 끌어내려고 그렇게 노력하는 것이다. 기업은 외부환경이 죽이거나 살리는 것이 아니다. 리더의 독전 의지, 구성원들의 이기고자 하는 의지의 여부, 다과에 의해 크게 성장하거나 쇠퇴하고 심지어 소멸한다. 리더는 이렇게 성공의 시스템으로 전환하여 이겨 놓고 싸워야 한다.

기습은 경쟁사 간의 역량의 균형을 결정적으로 한쪽에 유리하게 전환하며 제공된 노력 이상의 성과를 획득할 수 있게 한다. 기습은 경쟁사가 예상치 않은 시간, 장소 및 방법으로 강타함으로써 달성할 수 있다. 기습은 경쟁사가 모르도록 하는 것도 중요하지만, 알았다고 하더라도 효과적으로 대처하기에는 너무 늦도록 하는 것이 더욱 중요하다.

기습에 기여하는 요소에는 속도와 민첩성, 예상치 않은 전략과 전술의 사용, 기만, 정보, 보안 등이 있다. 동종 업계 또는 업태에서 각 기업은 비교 우위를 점하기 위해 유사한 고민을 한다. 한두 번 단기간의 승부에서는 이길 수 있으나, 발 빠른 경쟁사의 대응이나 반격 때문에 그 승리를 지속하기는 어렵다.

업의 본질에 대한 숙고를 통해 기본에 충실한 변화를 제공하려면 오랜 기간 주도면밀한 계획과 철저하게 준비한 기습만이 업계 전체의 판도를 뒤바꿀 정도의 충격을 줄 수 있다. 상당 기간 유지할 수 있도록 가용한 자원을 집중하여 고객이 전폭적으로 지지할 수 있는 변화를 시장에 선보여야 한다. 리더는 위로 올라갈수록 세세한 관리는 부하 임직원들에게 과감하게 위임하고 모든 전술적 경쟁에서 다 이기려고 하기보다는 궁극적인 경쟁에서 승리를 얻을 수 있는 전략적 기습을 책임지고 수립하여 시행해야 한다.

01. 먼저 이기는 체계를 구축하라

진심으로 이기기를 원한다면 **첫째**, 선수 선발에 최선을 다하라. 유명 선수가 많아 그들의 연봉이 많은 팀이 반드시 축구에서 이기는 게 아니다. 포지션별로 최고의 선수들을 영입하고 이들의 개인기와 체력, 조직력을 극대화하되 상대 팀의 전력과 경기일의 날씨, 관객들의 응원 분위기 등 모든 상황에서 최고의 결과를 낼 수 있도록 선수를 기용해야 한다.

PGA 최고 골퍼도, 어쩌다 운동 나가는 초심자 골퍼도 '골프는 힘들다' 라고 말한다. 그런데 그 '힘들다' 가 뜻하는 바는 전혀 다르다. 세계 최고의 선수들끼리 하는 경쟁에서는 조그만 실수도 용납하지 않는다. 그런데 그런 PGA 골프에서도 10대 신인이 유력한 우승 후보를 누르고 깜짝 우승을 하기도 하며, 체력과 집중력이 떨어지는 시기인 50대가 노익장을 과시하며 우승하기도 한다.

기업에서도 어떨 때는 재기발랄하고 며칠 밤을 새워도 끄떡없는 체력과 하고자 하는 의욕에 가득 찬 20대가 큰일을 할 수도 있고, 어떨 때는 오랜 경험에서 쌓은 경륜과 다양한 인간관계가 필요한 프로젝트도 있다. 사람을 정확히 보는 능력과 적재적소에 사람을 배치하여 최강의 팀을 구성하는 것이 리더의 가장 큰 책임이다.

수직적 계층 조직의 모든 구성원은 업무 능력을 입증하는 한 계속 승진하다가 결국 전문성이 없는 자리까지 맡게 된다. 그러므로 직무 수행 능력이 부족한 직원들이 조직 내 고위직을 차지하는 결과를 초래한다. 이러한 경향을 '피터의 법칙' 이라고 한다. 무능해지기 쉬운 조직의 병리현상을 지적하는 이론으로 적재적소에 인재를 잘 배치하는 것이 리더십 발휘에 중요하다는 걸 일깨워 준다. 따라서 이길 수 있는 팀을 구성하는 것이 가장 중요한데, 리더는 조직에서 적임자를 선택할 때 현재까지 보여 온 업무 성과에 기초해 평가하는 경향을 탈피하여 그 직책이 요구하는 직무수행 능력에 맞는 사람을 찾아 맡겨야 한다.

둘째, 비즈니스 모델 정립이다. 아무리 보수적으로 여러 요인을 가정하여 시뮬레이션해도 투자 수익이 목표치 이상 나올 수 있는 모델을 구축해야 한다. 신규 사업은 당연하고 각종 프로젝트나 과업, 과제를 수행할 때도 정량적, 정성적인 상수와 변수를 추려 보고, 독립변수와 종속변수 간의 함수관계를 여러모로 평가, 분석하여 최악의 상황에서도 목표를 달성할 수 있도록 모델을 만들어야 스스로 확신하고 일을 추진할 수 있으며 상사의 지원과 직원들의 몰입도 추구할 수 있다. 본인도 '이거 될까?' 하고 고개를 갸웃거리면서 '함께 할까?' 라고 미심쩍게 말하는데 부하 직원들이 어떻게 따를 수 있겠는가?

2014년 브라질 월드컵 때, 나는 판단 실수로 회사에 큰 손실을 끼친 적이 있다. 2010년 남아공 월드컵 때 월드컵 응원 공식 티셔츠를 판매하여 매출이나 이익에 성과를 내기도 했지만, 공식 티셔츠를 판매한다는 브랜드 이미지를 얻은 데 대해 자긍심이 있었다. 2014년에 과감히 투자하기로 했다. 4년 전보다 상대 팀도 약해 보이고, 1개 방송사만 중계했던 데 비해 3개 방송사 모두 중계하기로 했고, 시차를 고려하면 방송 시간대도 아침 시간대라서 판매에 유리하다고 판단했다. 아무래도 아르헨티나, 그리스, 나이지리아와 맞붙어 16강에 진출했었던 4년 전보다 러시아, 벨기에, 알제리라면 이길 수 있는 확률이 그 당시에는 높아 보였다.

2010년에는 중계권료 협상이 늦어 1개 방송사만 방송할 수 있었고, 월드컵 분위기도 5월 중순쯤 시작되어 온 국민이 하나가 되는 붐 조성의 기간도 짧았다. 2014년에는 거의 3월 초부터 분위기가 만들어졌고 평가전의 성적도 국민들이 관심을 가질 정도로 괜찮았다. 거기다 대한축구협회와 공식서포터인 '붉은 악마'에서 솔깃한 제안을 하여, 현대자동차 등 법인에서 직원 용으로 구매량을 보증한다고 공문서를 보내와, 생산하는 베트남 공장에 4년 전보다 2배의 물량을 발주했다.

매출, 마진, 재고 등의 계획 시, 최악의 상황을 가정했음에도 계획된 이익 실현이 가능한 상황이었다. 모든 것이 아주 좋아 보이고 잘될 것 같았다. 그런데 호사다마라고 했던가? 4월 16일

세월호 침몰 사건은 모든 국민을 슬픔과 도탄에 빠지게 했고 TV를 포함한 모든 미디어에는 세월호 외의 이슈를 보기가 힘들었다. 전국적인 애도 분위기에서 월드컵 분위기를 띄울 마케팅 활동을 한다는 건 국민 정서에 배치되고 기업의 양심상 전혀 할 수 없었다.

우려했던 대로 위약금을 물더라도 법인 보증 구매도 할 수 없다는 통보가 왔다. 생산업체에 대한 물량 보증과 입도선매 방식으로 원가를 낮춘 계약 방식 때문에 상품은 이미 들어와서 재고를 쌓아 놓을 창고가 부족할 정도였다. 상품의 특성상 월드컵 시즌이 끝나고 나서는 판매가 불가능하며, 일반 의류처럼 할인이나 아웃렛으로 처분할 수도 없었다. 속수무책이었다. 국가대표선수들도 기가 죽어 그랬는지 러시아에 1:1로 비기더니 알제리에 2:4, 벨기에에 0:1로 져 16강 진출에도 실패했다.

회사에 큰 재무적 손실을 입었다. 업무를 담당했던 스포츠용품 팀장과 실무자가 고개를 푹 숙이고 죄송하다고 하면서 책임을 지겠다고 했다. 나는 조용히 말했다.

"수십억의 재무적 손실을 낸 책임은 전적으로 의사결정자인 나의 몫이고, 당신들은 열심히 일했으나 다만 운이 나빴으니 고개 숙이지 말고 당당하게 처신하세요. 사업 부문을 관장하는 내가 책임질 것이니 후속 조치를 깔끔히 해 봅시다. 몇 십억의 수업료를 냈는데 그 이상으로 회사에 보답하는 게 조직원이 해야 할 도리입니다."

임원회의에서 판단착오에 따른 나의 잘못에 대해 사과를 드리고 연말까지 손실분을 보전할 계획을 보고했다. 한 팀에서 나온 손실이지만 워낙 큰 손실이라 다른 상품팀장들에게 소상히 원인부터 결과까지를 공유하고 십시일반으로 도움을 요청하고 어려울 때 더욱 강한 팀워크를 발휘하도록 설득해 나갔다. 약속대로 연말까지 부문에 부여된 모든 과업도 달성했고 손실분도 다 만회했다.

돌다리를 수십 번 두드려 충분히 성공 모델을 확보했음에도 이처럼 사고가 나는데 모델을 제대로 검증하지 않고 시작한 프로젝트가 성공한다면 그게 비정상이다.

물론 비즈니스는 근본적으로 위험요소를 내포하고 있다. 위험성이 없다면 비즈니스가 아니다. 위험성이 높은 만큼 보상도 크다. 그러나 냉정해야 한다. 법으로는 천재지변 등의 불가항력 조항으로 이런 위험성을 관리하지만, 실패하고 나서 변명하는 리더가 되면 안 된다. 성공하는 비즈니스 모델 구축이 리더십의 기본이다.

셋째, 목표관리체계(MBO : Management by Objectives)를 구축해야 한다. MBO란, 조직의 상하 구성원들이 참여하는 과정을 통해 조직 단위와 구성원들의 목표를 명확하게 설정하고 그에 따라 업무를 수행하도록 한 뒤, 성과를 측정하고 평가함으로써 관리의 효율화를 기하려는 포괄적 조직관리체계를 말한다. 기본적으로 목표 설정, 진도 및 성과 관리, 실적 평가, 보상 단계로 나눈다.

측정 가능한 목표를 정량적, 정성적으로 설정하고 이에 따른 핵심성과지표(KPI : Key Performance Indicator)와 균형성과표를 만드는 것을 시작으로, 이를 측정하고 계획대로 추진되는지를 평가하는 정기적이고 반복적인 일정을 만들어 성과를 관리하는 절차를 갖는다.

실적 평가를 투명하고 합리적이며 공정하도록 관리하고 성과에 대해 인정과 보상을 제대로 해야 공고한 리더십을 갖추게 된다. 목표 관리는 영화를 찍듯이 시나리오를 만들고 배역을 결정하고 촬영 세트를 만들고 음악, 의상, 효과 등에 대해 준비한 다음 몇 번이나 예행연습을 하고 진행하는 것과 같이 철저한 선행관리로 추진해야 한다.

기업의 활동은 Plan-Do-Review로 이루어지는데, 수준이 낮은 회사일수록 대부분 에너지를 Review에 할당한다. 목표를 달성할 수 있도록 계획과 준비에 정성을 다하여 성공을 하도록 온힘을 쏟아야지, 계획과 실행은 대충 해놓고 부진한 결과를 놓고 매번 대책 만드는 것에 집중하면 습관이 된다. 주도면밀한 계획과 준비로 상세 설계도를 만들고 진도표로 공정을 확인해야 한다.

에스키모들에게는 썰매를 끄는 개들이 있다. 장거리를 눈과 얼음으로 덮인 자갈길을 달리다 보면 발바닥에 상처가 생기거나 다리를 다치기도 한다. 평생 소중히 키워왔지만, 다친 개도 고통스럽고 다른 개들에게도 짐이 되므로 묶었던 끈을 풀어 준다.

상처 입은 개는 아프지만, 썰매를 따라오려고 계속 달려온다. 그러나 조금씩 뒤처지고 마침내 시야에서 멀어져 낙오하고 만다. 운 좋은 개는 나중에라도 본대에 따라붙어 치료를 받고 회생할 수 있지만, 대부분 낙오견들은 결국 동사하든가 늑대들에게 당하는 참변을 겪는다.

기업도 마찬가지다. 시장에서 한번 밀리기 시작하면 본인도 모르게 서서히 쇠퇴하다가 어떤 변곡점을 지나면 도태된다. 그 때 가서 회생하려고 몸부림치는 에너지를 최강의 팀을 구성하고 확실한 비즈니스 모델을 만들어 꾸준히 수정 보완 개선하며 과학적인 목표관리체계를 구축하고 운영하는 데 써야 한다.

02. 우선순위에 집중하는 전략가가 이긴다

기업의 궁극적인 목적을 달성하려면 경쟁자보다 우세한 자원을 결정적인 시간과 장소에 집중시켜야 한다. 집중은 적절한 절약을 전제로 한다. 결정적인 시간과 장소, 역량에 가용한 자원을 집중하려면 결정적인 시간, 장소, 역량 이외에는 최소한의 필수적인 자원만을 할당해야 한다. 집중이라는 키워드를 다른 키워드와 적절히 통합하여 적용하면 질과 양이 열세한 경쟁력일지라도 결정적인 성과를 획득할 수 있다.

전략을 수립할 때, 무엇을 해야 하는가를 선정하는 것이 중요하다. 그러나 더 중요한 것은 무엇을 하지 않는 것, 특히 지금 하고 있는 것을 중지하거나 없애는 것이다. 또한, 우선순위를 매겨서 임무 완수와 목표 달성에 지배적인 요소를 결정하여 가용한 모든 자원을 쏟아 부어 집중하는 것이 리더가 해야 할 몫이다.

전략적인 리더가 되려면 적어도 세 가지 요소를 갖춰야 한다. 업에 대한 예리한 통찰력이 있어야 하고, 우선순위의 선택에 따른 자원에 과감히 집중할 수 있어야 하며, 현재보다는 미래 지향적인 자세로 장래를 준비할 수 있어야 한다.

1) 통찰력

훌륭한 의사는 상식적인 얘기를 최소화하고 증상을 정확히 파악해서 신속 정확한 처방을 내린다. 기업에서는 미래에 나타날 현상을 예측할 통찰력을 갖추어야만 올바른 판단을 신속히 내리는 리더가 될 수 있다. 통찰력(Insight)은 직관(intuition)과 데이터 분석력(Data Analytics)이 합쳐져서 만들어진다.

동아 비즈니스 리뷰(2009.9)에 따르면 한국 기업의 리더는 직관보다는 정보와 데이터에 의존하는 분석적 의사결정을 내리고, 남성이 여성보다 더 분석적 태도를 보이는데, 분석적 성향을 가진 사람일수록 의사결정 과정에서 심리적 오류에 더 쉽게 빠진다고 한다.

분석을 통한 과학적 접근을 좋아하여 데이터를 많이 요구하고 분석결과를 신뢰하는 리더일수록 고정, 가용성, 확증, 정보, 결과, 과잉 확신, 최신성, 선택적 지각 편향과 편승효과 등으로 인한 인지적 편향에 빠질 경향이 크기 때문이다. 심지어 성공을 확신할 수 없을 때 데이터 분석 결과를 활용함으로써 면책의 도구로 사용할 가능성도 있다.

따라서 비즈니스의 성패에 책임을 지겠다는 자세를 가진 리더의 오랜 경험을 바탕으로 생성된 직관적 판단을 잘 활용해야 한다. 헨리 포드는 "만약 사업 초창기에 고객이 요구하는 대로 의사결정을 내렸다면 자동차가 아니라 빠른 마차를 생산했을 것이다"라는 명언을 남겼다. 많은 기업이 활용하는 고객조사를 맹신하면 기업이 잘못된 길로 들어설 수도 있다.

그럼에도 불구하고 데이터 분석을 무조건 맹신하면 안 된다는 기반 위에서 리더는 필요한 기획력과 추진력을 향상시키려면 합리적이고 계량 분석적이며 데이터에 근거한 의사결정 절차를 개발해야 한다.

미래 예측에 어려움을 겪는 조직이 되느냐 아니면 성공을 거둘 조직이 되느냐는 데이터와 정보의 활용 여부에 달려 있다. 넷플릭스의 경우 계량적 분석을 통해 고객들이 휴일에는 쉬면서 드라마 몰아보기를 좋아한다는 사실을 확인하고 서비스를 개발했다. 분야별 영화분류, 영화등급 및 감상 후기, 과거 대여 이력, 대여 순위 분석 등의 빅데이터를 분석하여 시네매치 (Cinematch)라는 서비스로 개별 고객이 좋아할 만한 영화를 예측하여 추천하는 서비스를 시작했다는 것은 우리에게 시사점을 준다.

『대학』에서는 "사물에 대하여 깊이 연구하여 앎에 이른다(格物致知)"라고 하였다. 사물에는 분명히 원리가 있는데 우리가 노력이 부족해서 그걸 모를 뿐이므로 세세하게 잘라 깊숙이 들여다보고 그 원리를 알 때까지 정진하면 반드시 원리를 깨닫게 된다는 말이다.

2000년 전에도 해를 중심으로 지구가 돌고 있었고, 바다에 쇠로 만든 항공모함을 띄울 수 있는 원리가 있었으며, 모든 생명체는 진화하고 있었다. 달로, 화성으로 우주선을 보낼 수 있었음에도 과학의 수준이 낮은 그 당시에는 몰랐을 뿐이다. 봉착된 문제에 해결책이 없어 보인다면 리더는 내외부의 변수에 대해 불평하지 말고 나의 노력이 부족한 것을 인정하고 더 깊이 궁리해야 한다.

2) 집중과 우선순위

복잡하고 다양한 수많은 과업을 동시에 완벽하게 추진할 수는 없다. 수행해야 할 과업들에 대하여 고려할 요소를 적용하여 분석한 후 경중완급에 따라 우선순위를 결정하여 시행해야 한다. 우선순위에 따른 업무수행은 노력을 집중시킬 수 있고 임무를 효율적으로 달성하게 한다.

잘하는 것에 집중해야 한다. 많은 기업이 부진한 요소들을 찾아서 개선하는 데 소중한 자원을 쏟아 붓는 실수를 저지른다. 부진 점포 살리기, 부진 상품 카테고리 개선방안, 부진 시기 극복대책 등 다양한 문제점을 찾아내어 해결하기 위해 CEO가 직접 참석하는 회의를 만들고 밤샘 작업으로 자료를 만들고 참석자들에게 사전에 공유하고 어떤 결론에 이르면 이후 실행에 옮긴다.

생각해 보라. 아무리 큰 기업인들 쓸 수 있는 자원은 사람, 시간, 돈밖에 없다. 그런데 그 아까운 시간과 사람을 투입하여 어디가 잘못되었는가를 분석하고 대안을 만들고 힘들고 긴 의사결정 과정을 거쳐 결론을 내는 '회의' 과정은 여러 참석자들로 하여금 회사에 '회의'를 품게 만든다.

사람들은 근본적으로 건설적 계획을 제안하고 창의적 방안을 구체화하는 것보다는 잘못된 것을 발견하기 쉽고 이를 비평하고 헐뜯는 것에 유혹을 느낀다. 심지어 그렇게 하는 것을 정의감이라고 스스로 생각한다. 그래서 '부진한' 점에 대해 개선

책을 만들어 놓고 회사를 위해 뭔가 크게 기여했다고 자랑스럽게 여긴다.

'파레토의 법칙' 이라고 불리는 80/20 법칙을 예로 들어보자. 이 법칙은 노력해서 얻은 80%의 가치는 최초 투입한 20%에서 나온다는 생각에서 비롯되었다. 경영에 접목하자면, 20%의 상품이나 점포가 80%의 실적에 기여한다는 것이다. 그러므로 여기에 시간, 사람, 노력을 투하하고, 포함되지 않는 것들은 한 단계 예하 조직으로 보내라.

1년 365일, 7요일, 24시간에 절대로 자원을 균등하게 분배하지 마라. 우리가 일반적으로 부르는 '대목' 이라는 게 있다. 데이터를 보면 집중해야 할 시간대, 요일, 시기가 있는데 균등 분배를 하면 참으로 안타깝다. 같은 돈도 더 가치 있게 쓸 방법을 깊이 고민해야 하는데, 관리부서의 힘이 강해지면 12개월 균등 분배해서 버린다. 회계연도의 조기에 집행해야 그 효과가 그해의 많은 시간에 나는데, 균등 분배는 회사의 모든 조직을 '균등' 하게 망가뜨리는 행위다.

잘하는 것에 집중해서 성공한 좋은 예는 길리어드 사이언스(Gilead Science) 회사다. 이 회사는 한정된 자원을 최대한 활용하는 스타트업 방식을 고수한다. 신종플루 치료제 타미플루 제조

사로 미국 내 처방약 매출 1위, 2015년 순이익 192억 달러, 순이익률 58.9%의 초우량 기업이다. 직원 수는 메이저 제약사의 5%에 불과하나 기존 제약회사에서 중시하던 제조, 영업 분야는 과감히 아웃소싱하고 항바이러스 분야 개발에 집중하여 혁신적 신약 개발에 성공했다.

"핵심적인 일에 초점을 맞추고 나머지에 대해 No라고 얘기할 수 있어야 한다. 한 가지 일에 집중하면 오히려 유연성이 생기고 이러한 유연성이 더 좋은 제품을 만들게 한다"라고 CEO 존 밀리건은 강조한다.

우선순위를 판단하고 시행하는 것은 리더십의 관점에서 매우 중요한 일이다. 사람들을 주목시키는 것은 여러 환경 자극 중에서 다른 자극들을 무시하거나 이에 대한 반응을 억제하고 특정 자극을 선별해 이에 초점을 맞추는 인지적 과정이다. 무엇을 하지 않을지를 명확하게 하면 조직 구성원들의 불필요한 에너지 분산을 막고 역량을 결집시킬 수 있기 때문이다.

SCM 부문장이 되어 영국 테스코 그룹에서 3주 과정인 직무 소개 교육을 받았다. 나중에 그룹의 회장이 된 당시 필립 클라크 부회장에게 배운 것은 우선순위화였다. 3주 동안 배운 것을 설명하고 한국으로 돌아가 향후 3년간 해야 할 과제들을 잔뜩 설명했더니 끝까지 듣고 웃으면서 딱 한마디 했다.

"나도 처음 이 일을 맡았을 때 똑같은 실수를 했습니다. 수백 가지를 다 하겠다고. 하하하, 제일 중요한 것 3가지만 하세요!"

선택과 집중! 웬만한 경영자는 입버릇처럼 하는 얘기다.

"Less is more, Keep it simple, Simplicity is ultimate complexity"라고 집중의 중요성을 일깨우곤 한다. 그런데 실제로 입안한 전략을 살펴보면 '버리는 것'의 실천을 잘하지 않는다. 유통업에서 자주 쓰는 breath before depth(상품의 깊이보다는 폭이 구색의 원칙이 되어야 한다는 것)를 실천하는 기업이 많아 보이지는 않는다. 대체구매가 가능한 상품을 6개 진열했을 때와 30개 진열했을 때를 비교하면, 30개 상품이 5배 매출을 가져다줘야 효율성 면에서 동일한데 실제로는 6개 진열했을 때 매출이 더 높다는 사실을 아는가? 고객의 구매 결정을 곤란하게 하는 것은 예의가 아니다.

대학생 600명을 대상으로 모바일 앱을 통해 영화예매 선택을 실험한 결과 6편까지는 선택 비율이 늘지만 8편부터는 오히려 감소한다. 상품 수가 많으면 경쟁사보다 상품의 리더십은 나아 보일 수 있으나 운영적 탁월함을 저해하여 전사적 경쟁력을 현저히 떨어뜨린다.

'버리는 것'에 성공한 사례를 살펴보자. 〈태양의 서커스〉가 서커스의 핵심인 스타 곡예사와 동물 묘기를 포기했고 스티브 잡스가 1997년 도산 위기의 애플을 맡아 2×2모델로 일반소비자/프로, 데스크톱/휴대용 랩톱 주력상품 하나만 남기고 제품 모두 포기한 것, 인텔의 앤디 그루브가 메모리 사업 철수 후 마이크로 프로세스에 집중한 것은 보통의 경영자가 할 수 있는 결정이 아니다. 선택이 어려운 것은 실패할 수 있다는 심리적, 조직적, 정치적 장애물 때문이다. 불확실성은 기업의 숙명이므로 위대한 리더의 의사결정은 선택, 즉 버림에 있다.

진정으로 조직에 효율성을 원한다면 본질에 집중해야 한다. 회사를 위한 효율이 아닌 직원을 위한 효율이 되어야 한다.

첫째, 장애물을 제거해야 한다. 엄격하게 채용한 직원이 마음껏 일하도록 지원하는 데 집중해야 한다. '좋은 경영진이란 직원들이 가장 빠른 속도로 달릴 수 있도록 길 위의 장애물을 제거하는 사람'이라고 구글의 에릭 슈미트 회장은 강조한다. 관료제 파괴 제도를 정착시켜 직원들이 낸 570개의 아이디어를 55,000번 투표를 통해 문제점을 선정하고 프로세스와 업무 개선을 하고 있다.

둘째, 업무에 'small 원칙'을 도입해야 한다. 업무 담당자의 주도적 업무 환경 조성이 가능하도록 최소한의 프로세스와 인원으로 조직을 운영하고 불필요한 위계 조직은 지양하는 것이 좋다. 애플은 직접 책임자 제도를 도입해 직급에 상관없이 특정 업무에 대한 최종 책임자를 미리 규정해서 불필요하게 관여하는 인원을 최소화하고 경영진 참석 회의에도 해당 업무의 직접 책임자만 참석하는 등, 경영진과 실무책임자 사이를 좁혀 중간 단계에서 발생하는 비효율을 줄이고 있다.

구글, 페이스북, 넷플릭스는 프로젝트 중심, 팀 단위로 조직을 운영하고 있으며 문제해결 능력이 뛰어난 인재들이 활발히 의사소통하면서 자신의 역량을 발휘하도록 유도하고 있다.

보통 자동차 회사는 1개 모델에 열 명의 디자이너를 투입하는 데 비해 테슬라는 단 세 명의 디자이너가 설계하도록 하여 디자인상을 수상한 모델 S를 만들었다. 또한, 테슬라에서는 약어 금지 제도를 만들어 아는 사람끼리는 편리하지만 약어를 모르는 사람에게는 의사소통 저해, 소외감을 야기하므로 약어를 없앴다.

3) 미래지향적 전략가

'착안대국, 착수소국'이라는 바둑 용어가 있다. 최근 전문경영인 체제에 의한 단기 성과주의의 폐해를 보면서 기업의 리더가 더 큰 안목으로 기업의 지속가능성을 위해 가슴에 새길 만한 좋은 말이다. 기업은 개인보다 비교적 영속적이다. 또 영속적으로 되어야 한다.

2015년 대한상공회의소 보고서에 따르면 우리나라 코스피 상장기업 686개의 평균 수명은 32.9세이고 10년 이내 소멸하는 기업도 107개나 된다고 한다. 90년 이상 장수 기업이 16개 밖에 되지 않는다. 자신의 능력을 키워 성장을 도모하고 삶의 질을 높일 수 있어 행복의 터전이 되는 소속 회사에 리더로 근무하면서 자신과 직원들을 위해 조직의 미래를 준비하는 전략적 시각을 가져야 한다. 이를 위해서 두 가지를 늘 고민해야 한다.

첫째, 예측 가능성이 낮아 미래가 불확실한 것은 당연한 현실로 받아들이고 어떤 상황이 닥치더라도 이를 능히 극복하기 위해 인재를 키워 놓아야 한다. 얕은 생각으로 자신의 자리보전을 위해 잠재력이 우수하고 미래의 리더가 될 수 있는 인재의 싹을 자르는 못된 리더가 되어 자신이 몸담은 조직에 해악을 주는 리더가 있다면 반드시 솎아내야 한다. 그리고 적어도 자신보다 훨씬 더 잘할 수 있는 미래 리더를 3명 이상 키워 놓아야 한다.

둘째, 전략적 사고를 3~5년 뒤의 미래에 맞춘다. 리더를 평가할 때, 그 사람의 차원을 보아야 한다. 점과 선의 1차원, 면의 2차원, 공간의 3차원을 지배하는 보통의 리더가 대부분이라면 이를 뛰어넘어 시간 요소까지 고려할 수 있는 4차원적 리더가 있다. 말 그대로 차원이 다른 리더다. 오늘만을 고려하면 합리적인 의사결정일 수 있으나 내일을 위한 투자를 오늘 이익으로 평가해 버리지 않는지를 고민할 수 있어야 한다. 기업의 전문 경영인이나 임원들이 말한다.

"오늘 실적 부진으로 내일 목숨도 부지하기 어려운데 무슨 내년을 한가롭게 얘기하느냐?"

불쌍한 분들이다. 그렇게 수명 연장해서 자신이야 한두 해 더, 높은 지위를 누릴 수는 있겠지만 자신에게 그 자리를 준 주주와 고객과 직원들의 내일은 어떻게 되는가? 참으로 무책임한 리더의 자세이고 태도다. 위로 올라갈수록 장래를 생각해야 한다. 기업은 '영생'을 기대한다.

IBM은 수백 년을 계획한 극소수의 기술 기업 가운데 하나였다. 최근 마이클 델은 회사의 전략적인 미래를 위해 델의 지분을 인수, 상장기업이 아닌 유한회사로 전환하는 시도를 했다. 향후 10년간 자신의 비전에 맞춰 델을 개혁하기 위해서다. 이와는 대조적으로 휴렛팩커드의 마크 허드는 전술적인 사고가였다. 금융 분야 애널리스트들에게는 사랑을 받았다. 그러나 HP는 허드를 해고했다. 연구개발 부서 대부분을 없앤 조치 등을 회사의 미래를 생각하지 않은 것으로 판단했기 때문이다. 그 결과 허드가 떠난 HP는 어려운 전환기를 겪고 있다. 분기 순익에 초점을 맞춰 애널리스트들을 즐겁게 만들기란 쉽다. 그러나 이는 기업의 장기적 생존에 피해를 초래하는 결정이 될 수도 있다. HP는 이 문제를 보여 주는 전형적인 사례다. 먼 나라의 얘기가 아니다. 지금, 여기, 내 얘기일 수 있다.

03. 단호한 의사결정을 하라

"나는 결코 천재가 아니다. 내가 신속히 결단할 수 있었던 것은 평소에 여러 가지 상황을 구상해 두었다가 그때그때 적용한 것에 불과하다."

- 나폴레옹

리더는 풍부한 지식과 경험, 교육 훈련, 자기계발 등을 통해 판단력과 직관력을 함양하고 필요한 시기에 자신의 결심을 실천할 수 있는 능력을 배양해야 한다. 특히 불확실하고 유동적인 상황 속에서 정확한 판단과 적시적절한 의사결정으로 신속히 조처함으로써 조직과 구성원의 성과를 보장하고 목표를 달성해야 한다. 따라서 리더는 각종 데이터나 과학적인 근거를 바탕으로 미래의 각종 상황을 자세히 분석하여 여러 가지 대안을 준비하고, 경험에서 우러난 직관을 동원하여 적시적절하게 결심할 수 있는 능력을 갖추어야 한다.

1) 적시적 의사결정을 내려라

인생은 수많은 선택의 연속이고 항상 그 갈림길에 서 있다. 태어나서 죽을 때까지 선택의 결과로 행운을 맞기도 불운으로 고생하기도 한다. 아이러니는 선택 시점에서는 그 선택의 결과를 알 수 없다는 것이다. 프로스트의 시, '가지 않은 길(The Road Not Taken)'에 나오는 것처럼 사람들은 적어도 두 갈래의 길 중 하나의 선택을 강요받을 것이며 시의 마지막 구절처럼 "그 선택으로 모든 것이 달라졌다"고 얘기할 것이다. 옳은 선택을 취할 확률을 높이도록 자신을 훈련시켜야 한다.

사실 정답이 없는 기업의 경영환경에서 선택에 특별한 능력이 필요한 것은 아니다. 합리적인 의사결정 체계를 수립하고 잘 활용하여 자신의 직관과 과학적 데이터 분석에 근거하여 정답을 만들어 내야 한다. 중요한 것은 '제때' 에 결정을 내릴 수 있는 비즈니스맨의 과감성을 계발해야 한다는 것이다.

나는 이것을 리더의 책임감으로 본다. 매사 책임을 회피하려는 성향이 짙은 리더가 의사결정을 안 하거나 미루거나 상사나 부하 직원 등 다른 이에게 넘겨 버리는 것을 자주 보아 왔다. 이런 리더는 조직을 약화시키는 치명적인 약점으로 작용한다. 더구나 점점 더 복잡해지고 빨리 돌아가는 21세기의 환경에서는 빠른 선택이 생존과 발전을 담보하는 절대적인 요소다.

"큰 기업이 작은 기업을 항상 이기는 것은 아니지만, 빠른 기업은 느린 기업을 언제나 물리친다"라고 시스코의 챔버스 회장이 말했다. 경영의 속도는 의사결정의 속도다. 경영자들의 가장 큰 역할이자 책무가 의사결정임에도 불구하고 결론 없이 항상 선택을 뒤로 미뤄 버리면 조직도 그 구성원도 모두 망하고 만다.

리더는 의사결정자다. 올바른 의사결정을 제때에 명확히 하지 않으면 리더가 아니다. 우유부단하여 늘 결론 없는 회의만 하고 직원에게 검토 지시나 남발하는 결정 장애를 지닌 리더는 최악이다.

결정 장애가 있는 사람들이 리더가 되면 안 된다. 직원들과 식사를 하러 가서 메뉴를 정하도록 해 보자. 그리고 한참 동안 그 간단한 메뉴 하나 정하지 못하고 선택을 망설이면서 옆 사람과 상의하거나 아예 리더에게 선택해 달라고 애처롭게 간청하는 부서원이라면 절대 리더의 자리에 앉히면 안 된다. 자질과 능력, 열정이 출중하더라도 그런 사람이 리더가 되면 과감한 결정을 못 내리고 우유부단하게 이슈를 끌어안고 있다가 직원들에게 야근이나 시킬 가능성이 많다.

비즈니스는 기본적으로 위험요소를 내재하고 있다. 실패는 판단 착오가 아니라 두려워서, 적시에 의사결정을 못 내려 생기는 경우가 대부분이다. 당연히 조심스럽게 돌다리도 두드려 보고 건너는 게 경영이지만 두드리다가 시간만 보내고 결정을 못 내려 사업이 비틀거린다면 그런 리더를 구성원들이 과연 따를까?

우선 이기는 체계를 만들어 놓고, 늘 부족할 수밖에 없는 자원을 효율적으로 집중시키며, 적시적이고 정확하며 과감한 의사결정을 바탕으로 상사와 부하 직원에게 실제로 승리를 보여줘야만 위대한 리더십이 발휘된다.

2) 반대 의견도 경청하라

건전한 의사결정을 위해 반대 의견을 경청할 수 있도록 평소에 체계를 만들어 놓아야 하고 조직 내 합리적 의사결정을 내릴 수 있는 절차를 만들고 숙달해야 한다.

건전한 의사결정은 소수라도 반대 의견을 무시하거나 아예 듣지 않는 체계에서는 이루어지지 않는다. 의사결정 체계가 아주 잘 갖춰진 조직에서도 최악의 의사결정이 나올 수 있다. 이상적 의사결정 체계의 세 가지 요소는 활용 가능한 모든 정보의 정밀 분석을 통한 '큰 그림' 을 도출하고, 한 방향으로 힘을 모으는 단합된 팀을 구성하여, 엄격한 수명 체계를 갖췄을 때다. 이런 조직 구조에서 엇갈린 조언을 무조건 회피하겠다는 원칙만큼 위험한 발상도 없다.

리더가 의사결정을 할 때 참석자들의 만장일치를 강요하면 전혀 도움이 되지 않는다. 리더는 반대 의견을 필사적으로 귀담아들어야 한다. 그래야만 판단력을 자유롭게 발휘할 수 있고, 지나치게 좁은 선택의 폭 안에 갇히는 실수도 막을 수 있기 때문이다. 실력은 모자라더라도 다른 관점을 지닌 참석자가 있으면 의사결정에 큰 도움이 된다. 자신이 이끄는 조직의 의사결정은 언제나 합리적이라고 생각하는가? 자신에게 직원들이 편하게 반대의견을 제안할 수 있는 여건을 만들어 주고 있는가? 혹시 회의 시간 중 리더가 사용하는 시간이 30%를 넘지 않는가? 리더도 인지적 편향성으로 인한 의사결정 오류가 있을수 있다는 점을 인정하고 집단 지성이 리더 개인의 생각보다 우월하다는 것을 받아들여 이를 잘 활용해야 한다.

3) 의사결정 절차에 숙달하라

1%의 잘못된 의사결정이 기업을 몰락시킨다. 리더는 문제를 인식하고 해결에 필요한 정보를 획득하며 대안을 수립, 분석, 비교하여 최선의 방안을 선택하는 논리적인 의사결정 절차를 연습하고 숙달해야 한다. 평소에 숙달하지 않으면 위급한 상황에서 신속하고 합리적인 결심을 할 수 없다.

리더의 결심은 목적에 부합되고 규정과 방침에 일치하며 상사의 의도와 부하의 능력에 부합되어야 한다. 아무리 좋은 방안이라도 목적에 기여하지 못하고 합법성이 결여되었다면 구성원들의 자발적인 참여를 기대할 수 없다.

일반적으로 채택할 방안(선택지)을 수립할 때까지의 절차도 매우 중요하지만, 그 방안에서 최선의 안을 선택하는 절차가 더욱 중요하므로 이를 표준운영절차(SOP: Standard Operating Procedure)로 만들어 자주 숙달하면 조직의 의사결정 수준이 매우 높아진다. 최선의 안을 선택할 때는 '장단점에 의한 의사결정'과 '지배적인 고려사항에 의한 의사결정'으로 나눈다.

장단점 결정은 장점이 단점보다 많고 그 단점도 후속조치에 의해서 보완이 가능한 안을 선택하면 된다. 지배적 고려사항은 여러 고려사항의 가중치를 달리해서 결정적인 고려사항을 포함한 가중치의 합이 높은 안을 선택하면 된다. 회사의 수준은 주요 의제의 의사결정을 하는 임원회의의 질을 보면 바로 알 수 있다.

초등학생급 토의를 통해 정책대안이 제시되고, 이에 따르는 의사결정을 한다면 회사의 리더십에 심각한 문제가 생길 수밖에 없는데, 이것은 의사결정 절차의 틀이 사전에 잘 만들어 놓지 못했기 때문이다. 실체적, 절차적, 적시성 있는 합리적 의사결정 절차를 조직별로 매뉴얼 또는 표준운영절차로 계발하고 훈련을 통해 숙달해야 한다.

뛰어난 의사결정은 '양자택일' 이 아닐 수 있다는 프레임의 전환에서 시작된다. 제시된 대안 중에서 하나를 선택하는 것이 아니라 둘 이상의 대안을 만족시킬 수 있는 방법을 찾아 내는 것이 리더의 몫이다. OR의 관점에서 과감히 벗어나 AND를 실현할 수 있는지 깊이 고민하는 리더만이 평범함에서 탈출하여 탁월함에 이를 수 있다. 납득하기도 쉽고 설득력도 있는 양자택일을 버리고 '일거양득' 을 취하려고 하는 접근법 이야말로 의사결정의 진수이다.

예를 들어, 유통업에서 결품방지에 초점을 두면 당연히 재고 문제가 발생된다고 생각하기 쉽다. 결품은 고객 불만을 야기하고 재고는 기업내의 관리 이슈이다. 여기에서 회사의 실력이 드러난다.

최악의 회사는 재고관리에 우선을 둔다. 불만에 가득 찬 고객은 경쟁사로 옮겨가게 되고 장기적으로 빈곤의 악순환에 빠지게 된다. 보통 수준의 회사는 결품 방지에 집중한다. 방문한 고객이 찾는 상품이 고객이 원하는 시간과 장소에 있도록 최선을 다한다. 다소 재고가 늘어나더라도 그건 회사내 문제이므로 후순위로 둔다. 최고의 회사는 결품과 재고를 대척점에 있는 상

중요소로 보지 않고 동시에 해결하려고 한다.

사실 유통기업들이 업태와 무관하게 공통적으로 갖고 있는 고민은 잘 팔리는 상품은 언제나 모자라고 안 팔리는 상품은 지속적으로 재고문제를 야기한다는 것이다. '재고관리 OR 결품방지'의 선택의 관점이 아니라 '재고관리 AND 결품방지'의 양득을 위해 근본적인 상품 문제로 접근해야 한다. 재고관리나 결품방지는 기능 부서에게 임무를 부여하고 경영자는 둘 다를 성취하도록 해야 한다.

제4원칙
전 직원의 자발적인 참여를 이끌어라

영국 총리인 윌리엄 글래드스톤을 만나면 누구든 수상이 세상에서 가장 똑똑한 사람이라고 생각하며 돌아갔다. 그러나 수상의 경쟁자인 벤저민 디즈레일리를 만나면 누구든 자기가 세상에서 제일 똑똑한 사람이라고 생각하며 방을 나섰다.

당신은 어떤 사람이 될 것인가? 천재인가, 아니면 천재를 만드는 사람인가?

『손자병법』에 "싸우지 않고 적을 굴복하게 하는 것이 최선이다(不戰而屈人之兵 善之善者也)"라는 말이 있다. 전쟁의 목적은 근본적으로 적의 싸울 의지를 말살하는 것이다. 자원을 탈취하고 지역을 확보하고 시간을 획득하며 병력을 절약하는 등의 행위는 그 하위의 작전술이나 전술에서의 목적 또는 목표 일 뿐이다.

기업도, 그 안에 있는 영업조직이나 기능조직도, 또 속해 있는 구성원들도, 경쟁에서 이기고 지는 것은 시설, 장비, 물자,

시스템, 프로세스 등의 유형 전투력이 아니라 바로 임직원들의 '의지'라는 무형 전투력이다. 싸울 의지가 남아 있다면 전쟁은 끝난 게 아니다. 싸울 의지가 전혀 없을 때 전쟁은 끝난 것이다. 다시 말하면 기업이나 조직의 성패는 속해 있는 사람들의 의지와 생각에 달렸다.

홈플러스 임원 생활 내내 새벽에 일어나자마자 맨 먼저 나에게 세 가지의 질문을 하는 일상(daily routine)으로 하루를 시작했다.

1. 나와 함께 있는 직원들이 그들 능력의 100%를 발휘할 수 있도록 상황과 여건을 만들어주고 있는가?

2. 우리 조직의 핵심 역량은 무엇인가? 이를 키우는 노력을 계속하고 있는가?

3. 어제보다 오늘이 나은가? 내일을 더 낫게 하기 위해 오늘 나는 무엇을 할 것인가?

피동적, 수동적, 소극적인 구성원이 아니라 주도적, 능동적, 적극적으로 구성원들이 변하려면 명령과 지시에 따르게 하기보다는 본인들이 자발적으로 참여하도록 자극하는 것이 좋다. 같은 일을 해도 자신의 말과 글로써 그 일을 하겠다는 각오를 다지게 유도하면(nudging) 결과는 완전히 달라진다.

또한 위계 조직상 최상위 리더가 세운 목표와 전략에 대해 최하위 실무자까지 일관성을 유지하고 있으며, 인접 부서와 상충하거나 중복, 누락 요소가 없는지를 확인해야 한다. 직소 퍼즐을 맞추듯 노력의 낭비 없이 개인부터 파트, 팀, 본부의 계획이 부문의 전략에 기여하여 부문 목표 달성에 공헌하며 궁극적으로 전사적 목표 달성에 정합성을 이뤄야 한다.

부문/본부/팀/파트의 목표와 계획을 정확히 알고 스스로 자신의 계획을 만들어 준비하고 시행한다. 당연히 이 모든 과정의 산물인 실적에 대해서는 투명하고 공정하며 합리적인 보상을 받을 것이라고 기대심을 심어준다. 모든 리더는 제일 낮은 직책과 직급의 직원일지라도 자신의 임무가 무엇이며 어떻게 완수할 것인지 확인하고 완수 후 받게 될 보상에 대해 사전에 명확히 약속해야 한다.

승승장구하는 기업의 최고 경영자일수록 모든 것을 할 수 있다는 착각에 빠진다. 진짜 성공은 구성원들이 자신의 능력을 최대한 발휘하고 적극적으로 참여하여 스스로 성장을 도모할 수 있을 때 지속할 수 있다. 그러므로 리더는 구성원들에게 목적과 계획을 알려 스스로 준비하여 행동하게 하고, 동기를 유발하여 성과에 적합한 보상을 하며, 열정적으로 솔선수범하여야 한다.

01. 구성원이 스스로 준비하고 행동하게 만들어라

직원들은 제품 생산을 위한 거대한 자동 시스템의 부속품으로 회사에서 일하는 게 아니다. 단지 급여를 받기 위해 노동력을 제공하고, 다람쥐 쳇바퀴 도는 단순 반복 업무로 보람을 찾을 수 없는 무의미한 시간을 보내고 있는 직원에게는 회사에 대한 충성과 직무에 대한 몰입 및 성취감을 기대할 수 없다.

회사는 그들 삶의 질을 향상하여 행복을 찾아가는 여정에 중요한 장소이며, 다양한 인간관계를 통해 신뢰와 존중을 경험하여 인정 욕구를 충족하고 성장을 이끌어 자아실현이 가능하도록 돕는 곳이다. 회사는 직원 스스로가 자발적이고 주도적으로 일하도록 동기부여와 지속적인 피드백을 포함한 공정하고 투명한 인사제도 등의 체계를 만들어야 하고, 직원은 꿈과 목표를 갖고 구체적인 계획을 세워 끈질기게 실천하며 진도를 점검하는 선순환(Virtuous circle, 善循環) 구조를 만들어야 한다.

또한, 리더는 구성원들에게 왜 이 과업을 수행해야 하는지, 내 역할이 무엇인지, 과업을 수행했을 때의 결과가 어떠한 것인지에 대해 알려주어 그들 스스로 목적의식을 갖고 업무를 수행하도록 해야 한다.

인간은 누구나 집단 구성원으로 소속감을 느끼고 있기 때문에 조직의 의사결정에 참여하기를 바란다. 따라서 리더는 직원들을 중요한 의사결정에 참여시킴으로써 동기를 유발하고 목표 달성에 기여할 수 있는 공동체 의식을 함양시켜야 한다.

또한, 과업의 목적과 계획을 알려주어 직원들이 리더의 의도에 맞는 명확한 목적의식 아래 업무를 수행하도록 해야 한다. 목적의식을 갖고 업무를 수행해야 의욕적으로 추진하여 업무에 대한 성과도 있다. '알아서 하라' 는 식의 임무 부여는 불필요한 시간과 노력의 낭비를 초래한다. 강요에 의한 참여보다는 자발적으로 조직 구성원들이 자유롭게 참여했을 때 구성원들의 능력이 최대한 발휘되고 그 조직은 활성화된다. 리더는 구성원들과의 격의 없는 토의와 대화를 활성화하고 자유로운 의견 발표를 경청함으로써 그들의 자발적인 참여의식을 고취해야 한다.

익스프레스 부문을 맡은 지 4개월 만에 흑자로 전환했다. 우리 부문 직원들의 사기가 하늘을 찌르고 '이제는 된다. 성공할 수 있다' 는 생각으로 전환하는 계기가 되었다.

단기간에 큰 성과를 낸 데다가 슈퍼마켓 사업에는 문외한이었던 내가 부문장이 되고 나서 흑자를 내자, 홈플러스 경영진뿐만 아니라 영국 테스코 본사에서도 관심을 보이기 시작했다. 해외사업을 책임지는 부회장으로부터 축하 전화가 오더니 테스코 그룹의 CEO로부터 축하 메일이 오는 등 축제 분위기에 휩싸였다. 이에 따르는 보상 지원으로 선순환의 고리를 만든 기분 좋은 출발이었다. 테스코 그룹에서 경영 진단, 분석과 혁신 업무를 담당하는 임원을 보낼 테니 어떻게 '성공 신화'를 만들었는지에 대해 공유해 달라고 해서 나름 자료도 만드는 등 자랑거리를 많이 준비해 놓았다.

인천공항에 도착한 임원을 맞이하며 차량으로 이동하면서 과거 실태와 문제점에 대한 우리의 진단, 개선 노력들을 얘기하고 한 점포에 들러 실물을 보면서 구체적으로 설명해 주었다. 그런데 이상한 느낌을 받았다. 승리의 기쁨과 축제 분위기에 취해 나만 순진했던 걸까? 테스코 임원은 서서히 돌변하여 마치 이렇게 말하는 듯하였다.

"지난 2년간 여러 번의 사업 모델 개선에 이은 시범 점포 설계, 오픈 및 운영에 최선을 다했음에도 지속적인 적자로 사업을 접을 수도 있었습니다. 그런데 유통, 특히 소형 슈퍼마켓 사업을 전혀 모르는 임원 한 사람을 부문장으로 교체했다고 사업이 갑자기 흑자로 전환했다는 것은 믿을 수 없습니다. 분식회계 등의 악의적 행위가 있을 수도 있으니 잘 살펴봐야겠습니다."

본사에 들어가 재무제표 등 자료를 확인할 때는 우리 직원들을 죄인 취급하듯 직무 감사를 하는 분위기였다. 사업부문장으로서 화가 치밀어 올랐지만 '합리적인 의심'일 수도 있어서 오히려 적극적으로 원하는 이상의 자료를 제공하고 하나하나 답변하고 그 임원이 그룹 경영진에게 보고할 보고서 작성에 도움을 주려고 최선을 다했다. 그리고 저녁 식사를 하면서 정색하고 진지하게 설명했다.

"엄청난 적자 사업을 흑자로 전환시킨 것은 논리적으로는 손익계산서의 모든 항목을 개선하기 위한 노력으로 설명할 수 있습니다. 근본적으로 고객을 위한 가치 제공에 집중하되, 매출을 올리기 위해 객수와 객단가를 증가시키고 마진 개선, 각종 경비의 절감을 위해 열심히 뛰었던 수십 가지의 자구책으로 모두 설명할 수는 있겠지만, 그걸로 테스코 그룹의 경영진을 이해시키는 것은 어려울 것입니다. 전 세계의 모든 유통업체가 실적부진 시 개선활동으로 다 그렇게 하기 때문입니다. 우리처럼 단기간에 흑자로 전환한 일을 이해하려면 한국인의 특징을 먼저 알아야 합니다.

한국인은 한번 뭉치면 상식을 초월하는 힘을 발휘하는 민족입니다. 1968년 34명의 '요원'이 36살의 박태준 회장을 중심으로 똘똘 뭉쳐, 실패하면 '우향우' 하여 영일만에 빠져 죽자는 정신으로 성공시킨 게 포항제철(현 포스코)입니다. 1969년에 세계은행과 미국이 1인당 국민소득 200불에 불과한 한국에서 제철소는 시기상조라고 자금 지원을 철회했던 것은 그 당시로서는 합리적인 의사결정일 수는 있겠지만, 도저히 불가능한 상황에서도 30년 뒤인 1997년에 세계 1위 제철기업으로 성장시켰던 한국인 특유의 정신을 이해하지 못한 것으로 보입니다.

1960년대 가장 체계적이고 과학적인 분석기법(OR:operation research)을 활용하여 미국은 베트남전에 참전하여 1주일 만에 승리하여 공산주의의 확산을 막고 미국의 세계전략에 기여할 것이라고 확신했지만 결과가 어떻게 되었습니까? 숫자로 계측하고 분석하지 못하는 '무형 전투력'이라는 것을 무시하지 마십시오. 신념, 사기, 기강, 단결력으로의 요소로 정리될 수 있는 이 무형 전투력에 있어서 역사적으로 한국인만이 가진 특별한 힘이 있다고 확신합니다.

우리 익스프레스 부문 직원들 한 명 한 명이 스스로 목적의식을 갖고 업무를 수행했고 모든 의사결정에 자신들의 의견이 반영되어 실적 개선 시에는 성과에 따른 보상 제도로 신바람 나게 일한 결과가 긍정적으로 단기간에 손익계산서에 반영된 것입니다."

그로부터 1년 뒤, 테스코 그룹의 각국 임원들을 대상으로 교육하는 '리더십 프로그램'에 홈플러스 익스프레스의 흑자 전환 스토리가 성공 사례로 올랐다.

회사에는 성선설이 적용될 수도, 성악설이 적용될 수도 있는 다양한 스펙트럼의 임직원들이 함께 있다. 악화가 양화를 구축하지 않도록 하는 것도 대단히 중요하다. 한 사람의 직원을 프로로 만들 것인지, 포로로 만들 것인지는 리더십이 결정한다. 사과 한 알이 썩어 있으면, 같은 궤짝에 담겨 있는 사과 전체가 금방 썩어 버린다. 전체 사과를 위해 썩은 사과를 솎아내고 애초부터 썩은 사과가 생기지 않도록 관리해야 한다.

Leadership Tip

직원을 프로로 만들 것인가, 포로로 만들 것인가?

직장 포로(workplace prisoner)라고 들어 보았는가? HR 분야의 세계적 컨설팅사인 휴잇에서는 최선을 다하지 않으면서 직장을 그만두지도 않는 '적극적 비몰입' 상태에 있는 직원이라고 정의했다. 2016년 휴잇의 리서치에 따르면, 약 11%의 직원이 직장 포로이며 이들이 조직 분위기에 악영향을 미치므로 이들을 업무에 집중하도록 이끌어야 한다고 제안한다. 아이러니하게도 직장 포로가 일반 직원보다 월급도 많이 받는데, 이들의 긴 근속연수가 연봉을 결정하기 때문이다. 근무기간과 직급에 의존하면 안 된다. 연공서열에 따른 보상 시스템은 중장년 직원의 경쟁력 제고에 부적절하다.

일하지 않고 시간을 보내는 많은 상급자를 보면서 과연 낮은 직급의 실무자들은 어떻게 생각하면서 회사 생활을 할까?

"우리는 가족이 아닌 팀"이라고 넷플릭스 CEO 리드 헤이스팅스가 말했다. 나이나 직급과 무관하게 실력으로만 승부해야 하고, 가족 같은 분위기가 아니라 스포츠팀과 같은 조직 분위기를 중시해야 한다는 것이다. 또한, 업무 추진 과정을 모든 사람이 투명하게 볼 수 있도록 공개하고 업무 몰입도에 따른 합리적이고 공정한 피드백과 보상 시스템을 갖춰야 한다. 구글처럼 CEO부터 일반 직원까지 '목표 및 핵심 결과(OKR: Objectives and Key Results)'를 설정하여 전 직원에게 공개해야 한다.

연간 1회 동료 평가를 시행하여 동료 4~5명이 평가하고 이후 피드백을 제공하여 이러한 공개 평가를 통해 스스로 다른 사람들과의 업무수준을 비교해서 자신의 객관적 위치를 확인하는 것도 좋은 방법이다.

"최선을 다하도록 관리자의 독려를 받고 있는가?"라는 질문에 40%만이 '그렇다'라고 답변했다. 그러므로 몰입하지 않는 직원에 대한 실질적인 관리 행위가 중요하다. 성과부진 직원에게 평가 면담 시 제대로 된 코칭이 이뤄지지 않는 경우가 대부분인데, 이는 불편한 관계를 피하려 하거나 적절한 코칭 방법을 모르기 때문이다.

그래서 IBM 등의 대다수 글로벌 기업은 저성과자를 대상으로 성과 개선 프로그램(PIP: performance improvement program)을 운영한다. 성과 달성 하위 20% 직원을 대상으로 직무전환교육 등 PIP를 시행하고 관리자에게 제출한 보고서를 바탕으로 코칭을 시행한다. 이러한 제도 개선과 관리자의 관심 제고를 통해 직원 몰입도를 높여 직장 포로를 없애야 한다.

02. 긍정의 힘으로 기적을 만들라

인재는 없는 게 아니라 못 알아보는 것이다. 인간은 누구나 인정받고 싶은 욕구가 있고 인정받기 위하여 노력하고 있으며 자신이 인정받고 중요한 존재라고 느끼면 더욱 열심히 일하게 된다. 리더는 구성원이 하는 업무에 관심을 기울여 인정해줌으로써 부하 스스로 내가 조직을 위해 꼭 필요한 존재임을 느끼도록 해야 한다. 똑같은 일을 해도 마지못해서 하는 경우와 의욕적으로 하는 경우는 큰 차이가 있다.

직장생활을 하면서 상사로부터 인정받고 있다는 생각을 하는 직원은 얼마나 될까? 몇 해 전 〈타임즈〉지에 '직원 80%가 상사로부터 인정받지 못하고 있다고 생각한다' 라는 기사가 있었다. 리더는 통상적으로 구성원들의 우수성에 대한 신뢰가 약하다. 너무나 익숙한 관계여서 구성원의 약점을 속속들이 알기 때문일 수도 있다. 리더는 또한, 구성원에 대한 기대치가 높아서 월급 받으려면 그 정도는 해야 한다며 성과에 대해 평가하면서 쉽게 만족하지 못하는 측면도 있다.

칭찬할 경우 자만하거나 버릇이 나빠질까 우려하기도 하고, 심지어는 직원이 잘하는지 모르기 때문일 수도 있다. 특히 우리나라의 위계적 관료주의형 조직에서는 직원을 인정하는 문화나 습관이 약하다. 사람은 누구나 잠재력이 있다. 이를 끌어내는 것은 리더의 몫이다. 직원들이 열정적으로 업무에 몰입하여 큰 성과를 내기를 진심으로 원한다면 리더는 그들이 느낄 수 있도록 인정하고 칭찬해야 한다. 무대에 선 연극배우가 자신의 원래 모습을 보여 주는 게 아니라 극중 역할에 충실해야 하는 것처럼, 리더도 맡은 소임에 최선을 다해야 한다. 리더의 역할은 팀의 임무 완수와 목표 달성을 위해 리더에게 주어진 책임과 의무를 다하는 것이다. 그러려면 구성원들의 성과를 인정해주고 아낌없이 칭찬해야 한다.

긍정의 힘으로 간절히 소망하면 기적을 이룰 수 있다. 스스로에 대한 긍정은 물론이고 다른 사람에 대한 긍정도 놀라운 힘을 낸다. 긍정적으로 기대하면 상대방은 기대에 부응하기 위해 행동하여 결과를 만들어 낸다. 피그말리온 효과는 심리학과 교육학에서 시작된, 타인의 기대나 관심으로 인해 능률이 오르거나 결과가 좋아지는 현상을 말한다. 이러한 현상은 기업의 팀 리더와 팀원 간의 관계에서 잘 적용된다. 팀원에 대한 팀 리더의 긍정적인 기대가 팀원의 능력 발휘에 영향을 미치고 결국, 성과를 높이는 결과를 낸다. 좋은 성과를 원한다면 자신이 이끄는 구성원에 대해 긍정적으로 기대하는 것이 무엇보다도 중요하다. 구성원의 능력을 인정하고 그들을 강하게 신뢰한다는 신호를 보내야 한다. 기대가 기적을 낳는다.

조직을 운영하다 보면 조그만 성공이라도 경험해 보고 이를 대대적으로 축하하는 시스템을 만드는 것이 중요하다. 고기도 먹어 본 사람이 잘 먹는다고 한다. 이겨본 사람이 이기는 것이다. 성공에 대해 시기, 질투하는 소아적 분위기나 어차피 나는 안 된다고 포기하는 직원들이 나오지 않고 모두 적극적으로 참여하는 신바람 나는 조직을 만들어야 한다.

평가하는 목적은 개인의 보상과 승진에 영향을 주기 위함도 있으나 동기 유발과 분발 촉구를 통해 그들을 어떻게 성장시키고 더 많은 성과를 내기 위해서 지도 육성하는 목적이 더 크다.

따라서 목표 설정이 도전적이고 구체적이며 인정할 수 있는 마감이 분명한 목표여야 하고, 목표를 중심으로 주별, 월별 관리를 정기 및 비정기적으로 행해야 한다.

리더라면 일과 관계의 측면에서 부단히 지도해야 한다. 평가의 기준이 명확하고, 사전에 부하와 공유되어야 하고 돌려막기식이나 성과가 아닌 관계에 의한 평가가 되어서는 안 된다. 성과평가와 역량평가는 분명히 구분해야 하며 객관적 관찰과 기록으로 평가해야 한다.

평가 결과는 승진, 보상뿐 아니라 교육, 이동, 퇴직에 구체적으로 연계되어야 한다. 평가를 통해 내가 무엇을 잘했고 보완할 점이 무엇이며 무엇보다 내년에 어떤 모습, 어느 정도의 수준을 해야 하는가에 대해 확실히 면담해야 한다. 특히, 직원이 수용할 수 있도록 이의제기 등의 제도가 마련되어야 한다. 무엇보다도 직원의 가치와 경쟁력을 올리겠다는 리더의 의지와 관심이 가장 중요하다.

우버의 직원들은 누가 시키지 않아도 주 80시간을 근무한다고 한다. 오후 8시에도 미팅 준비로 분주하며 그들은 저녁 9시 미팅, 11시 이메일 응답, 주말 근무는 자연스러운 분위기이며, 누가 시키지 않아도 업무에 몰두하다가 늦게까지 일하기 십상이다. "우버는 내가 이끈다"라는 생각으로 회사의 성장과 자신의 성장을 동일시하며, "회사가 성장하면 내 권한과 책임도 중대되고 보상도 늘어나기 때문에 열심히 일하는 보람이 있다"는 주인의식을 공유한다.

'세상이 움직이는 방법을 바꾼다' 라는 창업 정신에서 일의 의미를 찾는 직원들은 '내가 개발한 서비스가 세상의 문제를 해결한다' 는 자부심으로 가득 차 있다. 우버는 회사 성장과 직원 실적을 연계하는 성과보상 제도를 운영하여 고성과 직원에게는 일반 직원 대비 2배 이상의 주식, 보너스를 지급하고 핵심 인재 영입 시 파격적인 주식 제공, 경쟁사 대비 2~3배 많은 입사기념 주식을 지급한다. 그리고 투명한 성과관리 제도를 공유한다. 팀원끼리 목표를 공유하고 관리자는 시행간 성과 피드백을 시행하여 평가에 대한 직원 신뢰도를 제고한다.

전 세계 임직원이 실시간으로 사업 도시별 영업 실적 공유, 실적이 저조한 도시의 경우 함께 해결책을 모색하고 건전한 경쟁을 통해 성과를 높인다. 또한, 정보 공유를 보장하는 업무환경이 조성되어 있다. 장소에 얽매이지 않고 사내 어느 곳에서든 업무가 가능하며, 원활한 소통과 협업을 위해 파티션 없는 개방형 사무실, 넓은 카페테리아를 마련했고, 누구나 미팅 상황을 알 수 있도록 유리벽으로 미팅룸을 설치해 놓았다. 그리고 이들은 자발적 몰입을 이끄는 노력을 계속하고 있다. 직원들의 사명감과 주인의식이 성장의 원동력임을 경영진과 모든 임직원이 동의하고 이에 참여하고 있기 때문이다.

03. 열정적으로 솔선수범하라

열정은 어떠한 목표라도 달성할 수 있게 하는 원동력이며 용기와 신념을 일으킨다. 리더가 열정을 가지고 임무 완수에 전력을 다할 때 구성원은 감동한다. 사람은 감동하면 각인이 되어 마음이 움직이고 신뢰감이 싹튼다.

솔선수범은 어렵고 위험하여 남들이 하기 싫어하는 것을 내가 먼저 행동으로 실천하는 것이다. 비행기는 순풍을 이용해 이륙하는 것이 아니라 역풍을 당당히 맞서면서 고도를 높인다. 조직을 성공적으로 이끌기 위해서는 리더가 역풍에서 솔선수범을 보여야 한다. 기업은 실천과 행동으로 특징되는 조직체이므로 직원들은 모방심리에 의해 리더를 닮아간다. 리더가 열정을 발휘하여 솔선수범할 때 구성원 스스로 존경심과 복종심을 갖게 되고 자발적으로 참여한다.

솔선수범에는 언행일치가 전제되어야 한다. 리더는 자신이 강조하고 지시한 사항과 자신의 행동이 달라서는 안 된다. 리더의 언행이 일치하지 않으면 구성원에게 불신과 불평불만을 얻는 가장 큰 원인을 만든다. 직원들로부터 확고한 신뢰를 획득함으로써 성공적인 리더십 발휘가 가능하다. 무엇보다도 열정적으로 솔선수범하는 자세로 구성원들을 이끌어 나가야 한다. 특히 위험하고 불확실한 상황에서 리더의 솔선수범은 진두지휘하는 것이며, 이러한 행위는 구성원들의 하고자 하는 마음을 촉진시켜 목표를 달성할 수 있게 한다.

상대를 놀릴 때 우리는 '새 대가리'라고 부를 정도로 새를 깎아내리지만, 사실 솔선수범의 진두지휘 리더십은 철새로부터 배워야 한다. 더 나은 환경을 찾아 몇 천 킬로미터에서 몇 만 킬로미터를 이동하는 철새의 우두머리는 30% 정도의 에너지 절약을 위한 V 또는 W 편대 대형으로 거친 바람을 제일 앞에서 맞서 비행한다. 최적의 항로와 고도를 찾아내어 위기상황에서 정확하고 신속하게 최선의 대처 및 관리능력을 발휘한다. 힘에 부치면 바로 대열의 뒤로 빠져 새로운 리더가 질서를 잡게 지원하고, 맨 앞에 섰기에 맨 먼저 내려앉는 것 또한 리더다. 위험이 있을 수 있는 곳에 처음으로 발을 딛는 것도 리더 자신이며 다른 누구에게도 그 소임을 떠넘기지 않는다. 리더는 자신을 지키기 위해 있는 자리가 아니라 남을 지켜내는 자리라는 것을 철새에게서 배워야 한다.

리더가 미치지 않고 되는 일은 없다. 자신도 결과가 미심쩍어 방관자처럼 쳐다보는 일이 어떻게 잘 되겠는가? 권한을 위임하고 직원들이 스스로 하도록 상황과 여건을 만들어야 하지만, 중요하고 긴급한 일은 리더가 반드시 직접 해야 한다. 리더는 새벽에 출근해서 직원보다 먼저 계획하고 멀리, 깊게, 자세히 봐야 한다.

"과거와 타인은 바꿀 수 없다. 바꾸려고 애써 봐야 소용없다. 바꿀 수 있는 것은 나 자신과 미래뿐이다. 과거의 실적은 바꿀 수 없어도 앞으로의 방문 횟수를 세 배로 늘릴 수는 있다. 그렇게 되면 미래가 바뀐다. 고민만 하고 실의에 빠져 행동하지 않는 자신을 바꾸면 미래는 반드시 바뀐다."

- 고야마 노보루, ㈜ 무사시노 대표이사

제5원칙
협력을 이끌어 팀워크에 앞장서라

"창조는 연결하는 능력이다." - 스티브 잡스

기업은 오케스트라를 본받아야 한다. 관악기, 현악기, 타악기의 음색이 모두 다르고 개인별 악보가 달라도 시간의 예술답게, 어느 부분에서 들어가고 어디에서 빠져야 할지 알고, 어떨 때는 크게, 어떨 때는 작게 자신의 악기를 연주하되 늘 지휘자를 주목하며 최고의 감동적인 퍼포먼스를 관객에게 선사한다. 연주자 개개인, 그 누군들 자신의 뛰어남을 표현하고 싶지 않겠느냐마는 전체적인 조화를 위해 튀지 않고, 본인의 테크닉을 절제하며 지휘자의 곡 해석에 따라 마치 한 몸처럼 움직인다. 이것이야말로 '예술적인 경영 또는 리더십'의 모습이다.

유통업은 복잡하다. 홈플러스의 경우, 연간 판매하는 상품의 종류가 30만 가지로 1년에 한 번 이상 매장을 방문하거나 온라인 쇼핑을 하는 고객 수가 1천만 명이다. 1주일에 방문하는 고객이 600만 명이며, 상품을 공급하는 업체가 1,500여 개이고, 대소 점포 수가 1,200여 개에 직원 수 26,000명으로 판촉, 파견,

용역, 물류 등에 종사하는 사람을 포함하면 7만 명 가까이 된다. 임대매장에서 장사하는 업체도 8,000개나 된다.

당연히 이해관계가 첨예하게 부딪히고 갈등이 생긴다. 건설적인 상호견제의 의미로 부문/본부/팀 간 갈등을 조성하는 것도 경영의 한 전술이지만, 잘못되면 기업이 가장 경계해야 하는 '부서 이기주의' 가 발생한다. 마케팅, 상품, 물류, 점포영업이 부딪히고 계산대 안쪽의 상품과 바깥쪽의 임대매장이 싸운다. 오프라인 점포와 온라인 영업이 갈등하고, 본사와 현장의 이해관계가 마찰한다.

현업 부서와 재무, 인사 등의 지원부서는 거의 적이 되어 상대를 미워하기까지 한다. 자신 또는 부서의 이익만 생각하고, 타 부서에는 정보를 공유하지 않으며, 의도적으로 개인 또는 타 부서를 비난한다. 성과가 기대되는 편한 일은 자신이 독점하고, 힘들고 성과 없는 일은 현장 조직에 맡기거나 모른 체하고 지켜만 보다가 결정적 순간에 공만 챙기는 일이 다반사다. 내 일이 아니면 신경 쓰지 않고, 내 일은 누가 건드리지도 못하게 하며, 전체의 관점이 아닌 나와 내 조직만 생각하는 것이다.

익스프레스 부문장 시절, 1단계로 비즈니스 모델을 만들고 파일럿 점포에서 충분히 검증을 마쳐 신규 사업의 성공을 확신한 이후의 2단계 과업은 규모의 경제를 실현하는 일이었다. 그러려면 네트워크를 만드는 것이 가장 시급하므로 조기에 많은 점포를 개설해야 한다. 그런데 이를 위해 가장 중요한 3팀의 성과지표가 각기 전혀 다르다는 문제점을 발견했다.

입지조사팀은 독립성을 요구하는 전문가 집단으로 어떤 장소에 익스프레스 점포를 열면 매출이 얼마가 나올까를 매우 정확하게 예상하는 팀이다. 성과지표도 매출 예측의 정확성을 나타낸다. 부지매입팀은 입지조사팀의 예상 매출을 바탕으로 점포를 임차할 수 있도록 부동산 관련 베테랑들이 소속되어 있고, 성과지표는 연간 몇 개의 점포를 오픈하느냐다. 점포영업팀은 이렇게 개설된 점포를 운영하여 매출과 손익을 관리하는 최종적 책임자들이다.

서로를 배려하지 않고 자신의 팀만을 위해 일하며 지표를 기준으로 성과에 대한 보상을 받는다면 열심히 일할수록 서로를 불신하고 부문 전체에 실패를 줄 수 있다. 예를 들어, 부지매입을 많이 하기 위해 입지조사팀이 예상 매출을 많이 잡도록 압력을 행사하여 임대조건을 쉽게 할 수 있는 동기가 부지매입팀은 충분히 있다.

심하게 말하면 부여된 목표 이상의 개점을 함으로써 부지매입팀은 성과에 대한 보상을 충분히 받는데, 6개월 이상 영업을 해보니 예상 매출 이하의 실적과 과도한 임대료로 손실만 계속 볼 수도 있는 체계였다.

입지에 따른 예상 매출 산정 방식이라는 게 상권의 크기, 경쟁의 여부, 접근 가능성과 가시성, 운영의 편의성을 점수화시키는 알고리즘으로 되어 있다. 사실 소매업은 상품의 구색과 품질, 가격, 행사, 청결, 계산대나 배달 등의 서비스도 중요하지만, 점포 직원들의 의지에 따라 실적이 크게 달라질 수 있어 입지조사팀이 매출을 정확히 예측한다는 것은 쉽지 않다. 아무리 소규모로 투자되는 100평 이하의 익스프레스 점포라 할지라도 입지 선정을 잘 못하여 적자가 누적되면 폐점에 소요되는 매몰비용이 너무 커진다. 게다가 사업 태동기라서 부문 직원들은 성공에 대한 확신에 의문을 갖기 시작하고, 사기가 떨어지는 악순환이 될 수 있어 성과측정지표 자체를 바꿔야 했다.

그래서 많은 점포를 오픈하되 안정적인 이익이 실현되는 점포, 즉 개점 성공률을 기초로 하여 각 팀의 성과지표를 완전히 바꾸었다. 광역상권이 아닌 근린상가형의 소형점포는 목이 좋고 나쁨이 사업의 결정적인 요소이므로 사업을 책임지고 있는 부문장의 가용시간의 80%를 좋은 점포 찾기에 주력했다. 입지조사팀의 데이터 분석을 참고하되 부문장의 직관이 중요하므로 입지조사팀에서 제안한 후보지 20여 군데 이상을 직접 방문하여 사람들의 동선을 지켜보며 오픈 후 어떤 모습이 될지를 상상해보았다. 주변 지형에서 모든 물이 자연스럽게 모이는 저수지 같은 부지 하나를 선정하되 임대조건과 점포영업 가능성을 확인한 후 세 팀이 모두 모여 오픈 여부에 대해 격론을 벌여서 결론을 냈다. 이때 일단 개점하겠다고 의사결정이 나면 일체의 불평 없이 성공적으로 오픈해서 영업하는 데 함께 뛰도록 체계를 잡아 나갔다.

기업을 죽이는 방법은 아주 쉽다. 단기 성과주의, 성과/역량보다 상사와의 관계 우선주의, 보고 내용보다 보고서의 형태에 대한 비난, 지나친 음주와 술자리 의무 참석, 잦은 야근과 결론 없는 회의, 상의하달식 지시, 명령 문화, 무너진 기본 예절과 비정도 경영, 험담 등을 수시로 하면 된다.

그러나 이러한 폐단보다 가장 큰 적은 바로 '부서와 개인의 이기주의' 다. 부서 이기주의를 막고, 조직 내에서 화합과 팀워크를 통해 성과를 극대화하려면 리더십이 절대적으로 중요하다. 리더는 예하 조직 간에 서로 협력하고 한 팀으로 단결하도록 이견을 조율하고 서로를 돕는 분위기를 조성해야 한다.

01. 조직을 강하게 재설계하라

기업이나 조직의 모든 역량을 최대로 발휘하도록 운용하려면 지휘를 단일화하고 통일해야 한다. 지휘 통일은 모든 구성원이 협조하여 공동 목표로 지향하도록 단일 리더에게 필요한 권한을 부여함이 가장 효과적이다. 협조는 상호 깊은 신뢰와 확고한 신념으로 모든 역량을 통합 운용하여 제 기능의 효능을 최대한 발휘할 수 있게 한다.

오케스트라의 지휘자나 축구 감독이 두 명이라면 결과가 어떻게 되겠는가? 기업이 거버넌스 그룹을 잘 운영하면 모든 기능과 사업 부문의 적극적인 참여로 훌륭한 결과를 단시간에 효과적이고 효율적으로 낼 수 있다. 각종 위원회나 공공 경영 그룹 등은 지휘 통일에 실패함으로써 관료주의적으로 운영하는 경우가 많은데, 이는 대부분 리더에게 절대적으로 필요한 권한을 부여하지 않는 데서 비롯한다. 2명 이상의 직원들에게 동일 임무를 부여할 경우에도 갈등 관리 등 노력의 낭비가 많으므로 반드시 한 명에게 책임을 주고 권한과 필요 자원을 할당하는 것을 원칙으로 해야 한다. 목표 관리는 앞서 설명했듯이 목적을 달성하기 위하여 중점 과제별로 기획하고, 성공과 실패의 평가기준을 설정한 뒤, 계획/준비/시행/평가를 환류하는 체계다. 이러한 중점 과제를 누가 실행할 것이냐를 기준으로 조직을 설계한다. 여기에서 잘못되면 계속해서 조직 간 이기주의의 충돌로 인해 고객과 직원, 주주 모두에게 가치를 줄 수 없는 기업이 된다. 일반적으로 기업은 조직을 먼저 구성하고 나서 목표 달성을 위한 성과 관리를 하는 실수를 범하는데, 이는 상당히 비효율적이다. 이해관계가 충돌했을 때 갈등 해소에 많은 자원이 투입되기 때문이다. 조직은 매트릭스 형태로 운영하되 협업의 책임은 차상급 리더가 지는 것이 바람직하다. 예를 들어, 사업부문별로 책임을 부여하는 한편 기능별로도 책임을 부여하면 하나의 매트릭스가 만들어진다.

홈플러스의 경우는 대형마트, 슈퍼마켓, 편의점, 온라인, 테넌트, 신 유통서비스가 사업부문(BU, Business Unit)이고 마케팅, 상품, SCM, 점포개발, 재무, 인사 등의 참모 기능이 있다. 지휘관격인 사업부문장과 참모격인 기능부문장이 자신의 책임을 다하면서 서로를 지원하는 구조다. 상급 리더인 CEO가 회사 성패의 모든 책임을 지며, 매출, 손익, 재고 등의 관리 목적에 따라 사업부문과 기능부문이 참여하는 거버넌스 그룹을 만드는 것이 바람직하다.

더하여 상충하는 성과지표가 없도록 하고 이를 지원하는 직무 분석과 사무 분장표, 역할과 책임규정, 규정과 절차, RACI(responsibility, accountability, confirmed, informed), 표준운영절차, 루틴, 균형성과기록표, 방침철과 현황철, 매뉴얼 등을 마련해야 한다. 이 중 협업을 위해서 반드시 규정되어야 하는 것이 RACI이다. R은 실행책임을 질사람, A는 최종적인 책임을 질사람, C는 의사결정 전 의견을 물어봐야 하는 사람, I는 의사결정 후 알려주어야 할 사람을 정해 놓은 것이다.

기업의 성공은 환경과 전략이 조화를 잘 이룰 때 가능하다. 환경변화가 어떻게 진행되는지를 제대로 읽고 이에 적합한 전략적 선택을 한 후 이를 실행한다. 필요한 기업의 핵심 역량을 파악하고 실행에 옮길 수 있도록 조직 설계를 잘해야 한다. 환경과 전략의 부조화는 리더의 무능과 수동적인 기업 거버넌스, 비효율성에서 비롯된다. 가장 큰 비효율은 조직 간의 불필요한 마찰에서 비롯된다. 산업 환경에서의 근본적인 패러다임 변화와 일시적인 현상을 구별하지 못하고 섣부른 전략을 추진하거나 이를 제어하지 못하는 조직 구조는 기업이 실패하는 요인이다. 이는 하부조직 구성원의 사기 저하와 이탈, 회계 부정 등의 여파로 나타난다.

최근 경영이나 리더십 이론에서 수평적 조직이 위계적 조직보다 낫다고들 하지만 위계적 조직은 직급구조와 책임, 권한이 명확하여 일사불란한 업무 추진이 가능하여 위기 상황 시 빠른 실행력이 가능하다는 강점이 있다. 반면 수평적 조직에서는 조직 간 마찰이 발생되었을 경우 조정, 통제가 곤란하다는 단점이 있다. 수직적 위계 조직에서는 적어도 리더가 편파적이지 않고 장악력이 충분하다면 팀워크를 공고히 할 수 있다.

일반적으로 리더십에서 경계하고자 하는 것은 직급체계를 비합리적으로 운영할 경우 업무보다 상사에 대한 의전을 중시하고 지시자의 직급에 따라 업무의 우선순위를 결정하여 CEO의 관심사항이 최우선으로 추진하는 폐단이다.

또한, 회의나 토론 때 상대의 직급에만 관심 두는 위계적 거울보기(Hierarchical mirroring)가 생기면서 논의의 상대가 전문가라도 자신의 직급과 비슷하지 않으면 회의 파트너로 인정하지 않는 우스운 일이 벌어진다.

그리고 협의 후 결정한 사안임에도 상사가 다른 의견을 제시하면 의사결정이 번복되는 현상이 발생하는데, 이럴 경우에는 전문가들의 사기 저하, 혁신적, 창의적 성과 창출 미흡 등의 문제가 발생한다. 그러므로 조직을 설계할 때는 팀워크를 발휘할 수 있고, 위계적 조직일 때 예상되는 이슈들을 사전에 차단할 수 있도록 해야 한다.

조직 간 갈등은 팀워크를 저해하여 목표 달성과 성과 창출을 하는 데 무조건 나쁜 영향만 미칠까? 조직은 용광로처럼 모든 구성원을 다 녹여 똑같은 형질을 만드는 것보다 채소 샐러드처럼 저마다의 색깔, 향미, 형태, 질감을 그대로 유지하면서 조화롭게 운영하는 것이 건강하고 생산성도 높으며 오래 지속할 수 있다. 이해관계가 충돌할 때마다 마찰과 갈등을 해소하는 비재무적 비용이 제법 크다 하더라도 조직을 운영하고 차원 높은 협업을 증진시키는 데 있어 조직 간 균형과 견제를 유지할 수 있는 갈등은 필요하다.

전사적 차원의 경영계획을 작성할 때는 각 부문이나 본부의 이해관계가 충돌할 수 있으므로 사전 조율 과정이 필요하다. 보통 이럴 때 어느 부문에서 어떤 반대를 할지 충분히 예측할 수 있고, 이를 잘 설득할 논리를 치열하게 고민하여 만들면, 회사의 전 기능이 적극적으로 참여하는 훨씬 더 나은 경영계획이 만들어진다. 갈등요소가 더 클수록 더 깊이 있는 고민을 할 것이고 이는 전사적, 장기적 관점에서 성장에 보탬이 된다.

인텔은 의도적으로 반대와 갈등을 부추기는 '건설적 대립

(constructive confrontation)' 문화를 장려한다. 그렇다고 갈등을 무조건 조장하지는 않는다. 혼란과 낭비를 피하려면 갈등에도 원칙이 있다. 대안 없는 반대는 하지 말아야 할까? 때로는 대안이 없어도 반대 그 자체만으로도 의미 있는 행동이다.

넷째, 적시적 대립이다. 갈등이 생겼을 때 바로 또는 너무 늦지 않을 때 반대의견과 섭섭함을 표현해야 한다. 곪아서 터질 때까지 방치하면 폭발해 버린다.

갈등은 그냥 두면 낭비일 뿐이다. 그러나 잘 활용하면 조직을 한 단계 업그레이드한다. 업그레이드할 에너지가 될 갈등을 효과적으로 관리하려면 다음과 같은 두 가지를 기억해야 한다.

첫째, 갈등은 나쁜 것이 아니다. "두 사람이 업무에 대해 항상 같은 의견을 갖고 있다면, 그중 한 사람은 불필요한 사람"이라고 톰 피터스는 말했다. 갈등 없는 회사는 불필요한 인력이 많은 회사다.

둘째, 갈등은 무조건 부추긴다고 좋은 것이 아니다. 원칙을 지켜야 파괴적 대립이 아닌 건설적 대립이 가능하다. 역설적으로 진정한 협업은 갈등이 있을 때 가능하다.

'사랑의 악수'라는 걸 만들었는데, 부문 전원이 모이는 행사의 끝에 항상 참석자 전원이 다른 모든 임직원들과 악수하는 행사다. 월례회의, 워크숍을 포함하여 연간 20여 차례 부문원 모두 모이는 행사가 열린다. 행사가 종료되면 내가 서고, 1본부장이 나와 악수하고 오른쪽 옆에 서면 2본부장이 나와 1본부장과 악수한 후 그 옆에 또 서는 식으로 부문의 마지막 직원이 모두와 악수하고 맨 마지막 자리(일반적으로 장소의 제약으로 원형으로 만들어 진다)에 위치할 때까지 악수하면서 서로를 격려한다.

리더는 전 임직원을 알 수 있지만 직원들끼리는 같은 부서가 아니면 서로를 잘 모른다. 이름과 직무를 모르니 한 부문 내에서도 서로 데면데면하면서 그냥 지낸다. 그런데도 협업이 될까? 서로 접촉을 하고 대화하게 만들고 소통하여 갈등을 해소하는 자리는 리더가 만들어줘야 한다. 한 팀으로서의 단결력을 끌어올리는 데 큰 역할을 했다고 자평한다.

02. 협업을 위해 프로세스를 개선하라

조직이 크면 클수록 파티션으로 가로막혀 옆 부서는 물론이고 옆 직원이 무슨 일을 하는지도 모르는 일이 많다. 군대에서 상황실을 운영하는 이유는 복잡한 병종의 각종 부대가 시공간적으로 무엇을 하는지를 서로 정확히 알고 제병협동, 동시 통합작전을 하기 위해서다. 기업에서도 업무 재설계 (BPR:business process reengineering), 즉 고도로 전문화되어 프로세스가 분업화된 조직을 개혁하기 위해 조직과 비즈니스 규칙 및 절차를 근본적으로 재검토한다. 비즈니스 프로세스에 관점을 두고 조직, 직무, 업무 흐름, 통제구조, 정보 시스템을 재설계하는 경영혁신 기법을 활용한다.

기업의 활동과 업무 흐름을 분석하여 이를 최적화하는 것으로 반복적이고 불필요한 과정들을 제거하기 위해 업무상의 여러 단계를 통합하고 단순화하여 재설계하는 것도 중요하지만, 조직 간의 이해를 증진하고 마찰을 최소화해서 전사적인 자원관리를 최적화시키는 것에도 초점을 맞춰야 한다.

협업을 저해하는 것 중 하나가 조직을 지배하는 관료주의다. 관료주의는 문서, 행정, 전시주의로 흐르며, 창조적이기보다 모방적이며, 현실에 적용하기보다 과거에 집착하고, 고객에 집중하기보다 제품을 중시하며, 적극적으로 마케팅을 하기보다 앉아서 기다리고, 팀워크를 강화하기보다 이기주의에 빠진다. 따라서 관료주의는 직원의 시간과 에너지를 좀먹고, 관료주의 확산 시 직원들의 수동성이 고착되어 핵심 인재의 이탈을 초래한다.

이를 조직에서 퇴치하려면 먼저, 조직의 내부 관리자인 상사 대신 고객에게 집중하고 직원의 실제 업무에서 '고객 우선주의'가 실현되도록 프로세스를 개선하는 것이 중요하다. 또한, 정보의 투명성을 높여야 한다. 권한, 정보의 소수 집중화를 방지하여 모든 정보 공개를 원칙으로 하고 충분한 사유가 있는 경우에만 예외적으로 비공개하여야 한다. 정보 공유가 원활할수록 현장 직원들의 수준 높은 의사결정이 가능하므로 경영진과 직원과의 쌍방향 소통을 강화해야 한다.

03. 조직을 단결시켜라

미래의 불확실성이나 상황 변화에 유연하게 대처하려면 조직에 책임을 부여하고 권한을 위임하면서 구성원들이 단결하도록 리더십을 발휘해야 한다. 조직이 크든 작든 구성원 간 시너지를 내기 위해 반드시 조직 속에서 유기적으로 활동하도록 해야 한다. 리더가 만기친람식으로 모든 걸 다하면 자연스럽게 구성원들 간의 협동보다는 리더만 쳐다보고 일하는 풍토가 생긴다.

터미널 집중 방식(Hub & Spoke)의 조직은 구성원 간의 불필요한 경쟁과 견제로 조직이 와해될 수도 있다. 자신의 참모나 예하 리더에게 권한을 적절히 위임하여 시간과 노력을 절약하고 업무 처리의 신속성을 기하면서 그들끼리 협력하도록 분위기를 조성해야 한다.

목표를 달성하지 못하거나 책임을 다하지 못하면 처벌을 할 때도 개인보다 팀에 책임을 물어야 한다. 리더는 구성원에게 임무를 부여할 때, 필요한 권한과 더불어 책임한계를 명확히 해야 한다. 책임한계가 명확하지 않거나 잘못이 있는데도 책임을 묻지 않으면 조직의 기강이 해이해지는 것은 물론이요, 조직의 단합을 저해한다.

리더가 아무리 희생적인 솔선수범으로 구성원들을 이끌고 가더라도 직원이 안 보이는 곳에서도 올바르게 직무를 수행한다고 기대할 수는 없다. 동료끼리 서로 상부상조하고 절차탁마하도록 조직 문화를 만들어 나가야 한다.

1) 서로 도울 때 시너지 효과가 난다

조직은 해야 할 일은 반드시 하고, 하지 말아야 할 일은 하지 않도록 규정과 시스템에 따라 움직여야 효율적이다. 리더는 자기의 타성이나 경험, 관습 등에 의존하지 말고 규정에 따라 업무를 수행해야 한다. 또한, 구성원 각자가 맡은 위치에서 자기 할 일을 스스로 찾아서 수행하도록 자율적인 조직체계를 확립해야 한다.

리더 혼자 모든 일을 하려고 하지 말아야 한다. 상위 보직으로, 특히 임원으로 승진한 지 얼마 되지 않은 초심 리더가 하기 쉬운 잘못이 혼자 다하는 것이다. 리더는 과제를 팀에 돌려보내는 것이지 슈퍼맨처럼 구성원들의 모든 문제를 해결해주는 사람이 아니다. 직원들은 다 퇴근했는데 팀에 주어진 일을 마무리하려고 자신만 텅 빈 사무실에서 화가 난 상태로 남아 있었던 경험이 있다면, 리더로서 자신이 일하는 방식이 잘못된 것이지 구성원들의 문제가 아니라는 것을 깨달아야 한다.

리더가 구성원들의 일을 대신 하면 그들의 능력과 성공의 기회를 빼앗는 것이다. 아무리 뛰어난 리더라도 구성원 모두 제 일을 규정과 시스템에 의해 실행하고 서로를 도와 시너지를 내는 것이 훨씬 강한 힘을 발휘한다는 것을 알아야 한다.

2) 사회적 태만을 해결하라

모든 활동은 조직 단위로 하는 것이 좋다. 조직편성표에 따른 역할을 관련 규정대로 수행한다. 조직 활동을 강화하면 체계적으로 능력을 발휘하면서 구성원 각자의 노력을 하나의 목표에 지향시키고 결집시킬 때 효율적인 결과가 나온다. 따라서 리더는 조직 활동을 위한 위계질서를 확립하여 조직이 체계적으로 운용될 수 있는 협동체로 육성해야 한다. 단체 활동 시 하는 일 없이 개인의 기여도가 떨어지는 현상을 '사회적 태만' 이라고 하는데, 주위에서도 많이 볼 수 있다.

줄다리기를 할 경우, 1명일 때는 개인의 기여도가 100%이지만 8명일 때는 기여도가 49%로 떨어진다는 실험결과가 있다. 최대한 크게 고함치며 손뼉치기에서 1명일 때는 개인의 기여도가 100%이지만 6명일 때는 개인의 기여도가 40%까지 떨어진다는 분석이 나왔다. 많은 사람들이 고함을 지르지 않고 립싱크만 한 셈이다.

사회적 태만은 개인일 때 내던 힘이 집단 활동에서는 절반 가까이 줄어들 정도로 엄청난 능률 저하를 가져온다. 그 이유는 '조화의 상실' 과 '의무감 저하' 에 있다. 조화의 상실이란 각 구성원의 힘이 동일한 순간에 집중되지 않는 것을 뜻한다. 의무감 저하는 개인의 기여도가 분명하지 않기 때문에 일을 타인에게 떠맡기려는 습성을 말한다.

이러한 사회적 태만은 조직 전체의 힘을 약화시킬 뿐 아니라 열심히 하는 다른 구성원까지도 의욕을 잃게 만들어 결국, 팀을 완전히 무너뜨리기도 한다. 사회적 태만을 없애려면 각 개인이 꼭 수행해야 하는 일을 부여하고 조직 내에서도 개인별 성과를 기록하여 누가 무엇을 했는지 명확히 드러나게 하는 것이 좋다.

3) 리더의 역할에 충실하라

리더는 구성원들에게 임무의 최종 목표를 제시하여 필요한 권한을 부여하여야 한다. 구체적인 수행 방법은 직원에게 위임하여 추진하되, 주기적으로 감독하여 진행 상태를 확인하고 조정해야 한다. 리더가 예하 리더나 참모들이 해야 할 사소한 것까지 간섭하면 직원들의 자발성과 창의성이 결여되어 피동적으로 된다. 리더는 더 큰 것, 장기적인 것, 시급한 것, 중요한 것에 집중해야 한다.

도쿠가와 이에야스는 사람을 3등급으로 구분했다. 어떤 일에 임할 때 제 능력으로만 하는 사람, 다른 사람의 힘을 빌려 일을 도모하는 사람, 다른 사람의 힘뿐만 아니라 지혜까지 활용하는 사람으로 분류했다. 적재적소에 사람들을 배치하여 고성과를 내는 조직을 만드는 것도 리더의 능력이자 책임이다.

제6원칙
변화를 주도하고 창의력을 발휘하라

나는 근본적으로 현재를 부정한다. 지금보다 더 나은 것이 분명히 있음에도 개선의지가 없거나 노력이 부족해서 찾지 못한 것뿐이라고 생각한다. 현재가 과거보다 낫다면 과거에 문제의식을 느끼고 격물치지의 태도로 답을 찾아 세상을 바꾸었기 때문이다. 지금 어떤 것을 더 좋게 바꾸지 않으면 미래가 지금보다 더 나을 수 없다. 그래서 인류 역사는 과거보다 현재 삶의 질이 더 좋아졌다. 역사적으로 문자, 등자, 시계, 복식부기, 인쇄술, 나침반, 화약, 바퀴, 증기기관, 비행기, 무기, 인터넷, 전자상거래 등의 엄청난 발명품들은 누군가의 처절한 의지와 노력으로 만든 변화의 산물이다.

현대인은 눈앞의 변화를 채 이해하기도 전에 새로운 변화의 물결을 맞이해야 하는 급변의 시대에 살고 있다. 이러한 변화는 모든 분야에 영향을 미쳐 과거와는 전혀 다른 경영 방식의 혁신적인 변화를 요구한다. 시대 변화에 주도적으로 대처하지 못하면 개인이나 조직을 막론하고 살아남을 수 없다.

리더는 고정관념에 집착하지 않고 다양한 변화를 예측하여 변화에 능동적으로 주도해야 하며 상황에 따라 새로운 방식을 적용할 창의력을 발휘해야 한다. 리더는 미래에 일어날 수 있는 상황을 예측하여 여러 가지 대안을 미리 준비해야 한다. 선정된 대안은 충분한 검토와 연습을 통하여 대책을 강구해 두어야 신속히 조처할 수 있다. 예기치 않은 상황에 직면했을 때 대안을 준비하면 이미 때는 늦고 실패하기 쉽다.

Leadership Tip

자신의 팀을 변화의 선봉으로 올리기 위한 제안

첫째, 끊임없이 질문하라.
고객에게 무엇에 만족하는가를 묻는 게 아니라 뭐가 빠져 있는지, 뭐가 부족한지, 무엇을 더 원하는지와 같은 질문을 절대 멈추지 말아야 한다. 진화하는 기업은 회사 내부에서도 무엇을 더 개선할 것인지 부서 간에 늘 질문을 던져야 한다. 질문을 멈추는 순간, 조직의 생존은 장담할 수 없다.

둘째, 스스로 파괴하라.

자신을 먼저 파괴하지 않으면 누군가가 나를 파괴할 것이다. 지속적인 개선과 혁신으로 도전을 멈추지 말아야 한다. 성공에 안주하는 리더는 조직을 쇠퇴의 길로 안내하고 만다.

셋째, 실패를 즐겨라.

성공했으면 실패에 또 도전해야 한다. 새로운 것에 도전하며 혁신하는 과정은 본질적으로 실패하기 마련이다. 실패하지 않으려는 순간 우리는 진화를 멈춘다. 성공의 반대말은 실패가 아니라 포기다.

마케팅 부문장 시절인 2011년 58회 프랑스 칸 국제광고제에서 '홈플러스 가상 스토어' 지하철 광고로 그랑프리와 4개의 금메달을 수상했다. 한국이 칸에서 창의성을 바탕으로 대상을 받은 것은 광고 역사상 처음 있는 일이었다. 세계적으로 매스컴을 통해 크게 알려지다 보니 유통이나 광고, 디자인 계통의 현업에서 일하는 전문가들뿐 아니라 정치, 경제, 교육계에서 유명한 분들이 영감을 얻기 위해 홈플러스 본사 옆 지하철 선릉역과 버스 정류장으로 찾아오는 바람에 갑자기 여기가 명소가 되었다.

그러나 실제 시작은 유통인이라면 사업상 항상 하는 조그만 고민에서 나왔다. 대형마트가 20년 동안 급성장하다 보니 정부 규제로 영업일, 영업시간, 판매품목을 제한받고 온라인과 근린 상가의 소규모 점포로 고객들이 옮겨감에 따라 객수 감소의 문제를 어떻게 해결하느냐 하는 것이었다. 어차피 고객이 떠나가는 추세라면 고객을 앉아서 기다리지 말고 고객을 찾아가자는 발상에서 시작되었다.

유통은 'Location, Location, Location' 이다. 사람들이 모이는 곳, 멈추어 시간을 쓰는 곳이 좋은 '목' 이다. 그래서 아무리 사람이 많아도 흘러가는 강 같은 장소에 점포를 만드는 것이 아니라 저수지처럼 모여서 고이는 곳을 선호한다. 서울에서 이런 조건에 맞는 장소가 어디인가?

바로 지하철역이다. 출퇴근에 소요되는 시간이 일일 평균 두 시간이고 맞벌이하는 부부는 장 보는 시간도 내기 쉽지 않으니 지하철에서 무료하게 객차를 기다리는 동안, 스크린 도어에 고객들이 가장 자주 찾는 상품을 보여 주면 좋을 것 같았다.

실제 마트에서 장을 보는 것처럼 상품을 진열한 사진을 스크린 도어에 올려 구매하고 싶은 상품을 자신의 핸드폰 QR 코드로 찍으면 홈플러스 온라인쇼핑센터로 자동으로 연결된다. 이어서 지하철에 탑승한 뒤에도 장보기를 계속하여 주문하고 결제하면 최단시간 내에 집으로 배송하겠다는 아이디어였다.

최근에는 스마트폰 앱을 통한 구매가 대세가 되었지만, 그 당시에는 데스크톱을 통해 인터넷 쇼핑이 한창이었던 때라 스마트 폰 앱으로 QR코드를 찍으면 온라인 쇼핑이 가능하다는 걸 고객들이 신기하게 여기고 입소문으로, 또는 SNS로 삽시간에 퍼져 혁신의 획기적 사례가 되었다.

현상을 타파하기 위해 절박하게 고민하고 치열하게 현장을 살피면 혁신의 길이 열리는 법이다. 상상력만으로 창의라고 부르지는 않는다. 실행까지 이어져서 가치를 창조하여 세상에 이로운 일이 되었을 때 비로소 창의라고 한다. 개선, 변화, 변혁, 혁신에 목말라 하는 리더는 자신과 구성원들이 창의적으로 될 수 있도록 고객에 집중하며, 현장을 아주 디테일하게 관찰하고 기본적으로 실패해도 괜찮다는 문화를 권장해야 한다. 그러한 상황과 여건을 잘 만들어야 혁신을 이끌어 낼 수 있다.

경쟁에서 이기려면 예상하거나 예상하지 못한 각종 상황 변화에 따라 융통성 있는 조직 운영과 각종 수단의 적용을 적절히 할 수 있는 사고력과 풍부한 예상 능력을 구사할 수 있어야 한다. 상대방을 기만하여 조종하며 항상 새로운 방법으로 상대방에 대응할 수 있는 창의성도 있어야 한다. 경쟁전략, 전술의 준비와 시행에 있어서 통상적으로 모방하는 전술을 지양하고 리더는 물론 전 구성원이 창의력을 발휘하여야 기업이나 조직의 능력 발휘를 극대화할 수 있다.

창의는 속도와 타이밍이 요체다. 시장에서 경쟁하는 기업들은 절대속도보다 상대속도가 관건인 만큼, 열심히 뛰기보다 경쟁사보다 빨리 뛰어야 한다. 또한, 변화에 뒤처지면 실패하지만, 너무 앞서 나가도 실패하게 된다는 진리를 받아들여 물 들어올 때 노를 젓는 지혜를 발휘해야 한다.

경쟁에서 차별적인 상품과 서비스를 고객에게 제공하는 것이야말로 고객 창출이라는 궁극적 목표를 달성하는 데 결정적인 핵심 역량이다. 기업이나 상품을 경쟁사와 차별화하기 위해 브랜드명, 브랜드 마크 등의 상표를 사용하는 것도 고객의 브랜드에 대한 충성도를 높여 경쟁력을 높이기 위함이다.

이러한 차별화의 중요성에도 불구하고 기업들의 노력은 부족해 보인다. 공중파 3개사가 만약 특정 로고나 징글을 사용하지 않고 채널을 표시하지 않으면 시청자는 어느 방송사인지 모를 것이다. 미국이나 영국의 경우 TV를 틀자마자 어느 방송국인지 바로 알 수 있다. 차별화가 되어 있는 것이다. 백화점이나 대형마트, 슈퍼마켓, 편의점, 홈쇼핑 등의 유통사들도 고유 색깔이나 표시를 하지 않으면 자신들은 충분히 경쟁사와 차별화 했다고 강변해도 고객의 눈에는 비슷비슷해 보일 것이다. 계속해서 고객을 위한 가치를 창조하고 참신한 이슈로 승화시켜 시장을 선점하기 위해 노력해야 한다. 경쟁사와 달라야 고객이 옆집에 가지 않고 우리 집에 온다.

01. 고객에게 집중하라

리더가 '나와 내가 속한 조직은 고객에게 항상 최선을 다하고 있으며, 문제가 없고, 더 향상시킬 게 별로 없다' 라고 변화에 대해 소극적인 태도를 보이면 그 기업은 절대 발전할 수 없다. '현상 유지는 퇴보' 라고 인식하고 조직 발전을 위해 작은 일상 업무부터 무엇이 문제인가를 새로운 시각으로 접근하여 변화를 모색하려는 자세를 가져야 한다. 혁신(Innovation)은 고객의 필요와 욕구를 충족시키는 일련의 활동으로, 가치를 창출하는 결과물을 만든다. 따라서 작년보다 좋아졌고 경쟁자보다 나아졌다고 해서 혁신을 이루었다고 할 수 없다. 고객이 실제로 느끼는 변화로 확연하게 좋아져야만 한다. 그러려면 리더와 구성원의 정신자세와 문화가 먼저 변해야 한다.

영국 테스코가 기록적인 성장을 할 때 그들의 사명은 "To create value for customers to earn their lifetime loyalty(충성스러운 평생 고객을 얻기 위해 고객을 위한 가치를 창조한다)" 였다. 내가 본 기업의 사명선언문 중 단연 최고였다. 기업의 존재 의미가 고객을 위한 가치 창출이고 30만 명의 임직원들이 이를 실현하기 위해서 열심히 최선을 다했기 때문에 단기간에 기업 가치를 6배로 키워 낼 수 있었다.

기업에서 꼬박꼬박 지급하는 월급은 누가 주는가? 고객이다. 인건비가 매출의 5%라면 나의 급여 1만 원을 위해 고객은 20만 원을 내야 한다. 고객의 평생가치는 월 10만 원의 매출 기여가 연 120만 원, 30년 동안 매출 3,600만 원이라는 기여로 계산된다. 고객이 떠나면 자신에게 월급 주는 사람이 사라지는데도, 고객의 불편함을 해결하려고 노력하지 않고, 그들의 말을 경청하지 않으며, 그들의 행동을 자세히 지켜보지 않는 기업이 많다. 고객이 결제하는 금액으로는 도저히 살 수 없는 가치를 고객에게 끊임없이 제공해야만 사업이 성공한다.

야마하는 일본 어쿠스틱 피아노 출하대수가 1980년 30만 대에서 2016년 1.5만 대로 떨어지는 시장불황에서도 14년 만에 최대 성과를 기록했다. 1887년 설립한 야마하는 금융위기 이후 역성장하며 위기에 직면했으나 2013년 나카타 타구야를 CEO로 임명, '야마하의 부진 원인은 생산자 중심의 기업문화'로 규정하고 고객 관점으로 바로 전환했다.

제품별 마케팅 부서를 신설해서 최저 가격의 입문형 전자 피아노, 주택 밀집지역에서 작은 소리로 연주 가능한 사일런트 피아노, 해외시장 개척시 현지화 전략으로 선진국에는 전문가용 고성능 제품, 개발도상국에는 합리적 가격의 제품을 출시했다. 음향센서, 재료 가공, 디지털 시그널 프로세싱 등 여러 분야에서 최고 수준을 보유한 기술이 서로 독립된 운영을 하는 것을 인지하고 모두 통합하여 부서 간 협력을 강조하였다.

그 후, 어쿠스틱 피아노의 진동감과 터치감을 구현한 전자식 피아노인 융합형 신규 상품 그레이드 해머, 스피커가 아닌 피아노 전체에서 소리를 발현하는 디지털 사운드 기술의 트랜스어쿠스틱을 만들었다. 소리를 핵심 요소로 규정하여 3대 핵심 사업영역으로 악기 제조, 음향장비, 음향 관련 산업장비/부품에 집중했다. 야마하는 기존 관습과 조직문화 타파를 위해 리더가 주도적으로 노력하여 기업에 닥친 역경을 극복한 사례로 손꼽힌다. 제조업이 고객 중심으로 문화가 바뀌면 혁신이 이루어진다. 홈플러스는 전략적 투자자인 영국 테스코의 영향으로 한국에서 가장 많은 고객조사를 하는 유통기업이며, 던험비라는 빅데이터 분석 및 활용 전문 기업을 매우 잘 활용해 큰 성공을 거둔 역사를 갖고 있다. 고객질문시간(CQT, Customer Question Time)에 임원들이 참석하여 고객들이 원하는 바를 직접 듣고 이를 사업에 즉각 반영하며, 가정 방문을 통해 실제 우리의 주요 고객들이 어떻게 살고 무엇이 필요한지를 자세히 살핀다. 의사결정자들인 임원들이 50대 남성이 대부분이라 핵심 고객층인 30~40대 가정주부를 이해하기 위해 여성 마케팅 전문가를 초청하여 공부하는 등 많은 노력을 기울인다.

나는 임원이 되고 나서 일주일에 한 번 이상 반드시 지하철로 출퇴근하면서 기존 또는 잠재 고객들이 어떻게 차려입고, 어떤 행동을 하는지 살펴보면서 소매업의 감을 유지하고자 노력하였다. 임원들이 이동 시에도 대형 세단의 뒷좌석에서 서류 검토와 계속되는 통화로 세상과 단절하면 기업은 서서히 죽어간다고 확신한다. 상품 총괄 부사장 시절에는 전 직원들이 현장에 나가서 고객과 시장, 경쟁업체를 자세히 살피고, 협력업체와 함께 일할 수 있도록 매주 목요일을 '현장의 날'로 선포하고 지속해서 사무실 출근자를 확인하여 현장으로 내쫓았다. 고객 조사를 통해 얻은 결과와 관찰을 통해 대형마트에서는 평균 52분 동안 7개 상품을 구매(80% 시간낭비)하므로 간편 쇼핑에 집중하여 성공하는 핵심 소수 상품에 집중하는 것이 좋다는 결론을 내고 구색 단순화에 집중했다. 고객이 찾아주기를 기다리는 게 아니라 고객 동선에 핵심 상품을 진열해야 한다. 가장 좋은 홍보는 가격이 아니라 위치이며, 많은 상품을 진열하려고 동선을 좁히는 것이 아니라 열린 공간이 고객을 끌어 모은다.

마케팅 비용을 줄여 이익을 얻으려는 경영자가 많다. 경영 판단을 좋거나 나쁘다고 얘기할 수는 없지만 그게 광고나 홍보비용이 아니라 고객을 이해하는 데 쓰는 비용이라면 그렇게 하지 않길 바란다. 고객을 이해하지 못하는데, 그들의 필요와 욕구를 해소해 줄 수 있을까? 오늘 손익구조는 아주 조금 개선되겠지만, 고객이 떠남으로써 내일이 어려울 것이다.

02. 현장에서 자세히 관찰하라

화장실에 휴지가 쌍둥이처럼 두 개가 걸려 있는 것을 본다. 내가 생각하는 혁신의 대표작이다. 누가 제안하여 시작했는지는 모르지만, 대부분 빌딩이나 호텔에서 이제 휴지가 하나만 걸려 있는 경우는 별로 못 봤다. 화장실을 사용하는 사람들이 휴지가 없어서 황당한 경험을 하지 않도록 계속 확인하고 채워야 하는데, 두 개를 비치함으로써 관리비용을 획기적으로 절약하면서도 고객이 불편하지 않도록 배려한 것이다.

혁신은 우주에 위성을 쏘아 올리고 첨단 기술을 활용하는 것처럼 특별한 전문가 그룹만 할 수 있는 것이 아니라 우리 주변에서 흔히 접하는 것으로부터 고객, 직원, 주주의 가치를 더하는 노력에서 비롯된다.

현재보다 분명히 나은 게 있다는 격물치지의 자세로 문제의식을 느끼고 고민하는 습관을 들이면 우리 모두 혁신가가 될 수 있다. 리더십 항목 중 즉응성(Responsiveness)이라는 게 있다. 시장과 사업 환경이 변하는 것을 감지하고 우리의 조직이 거기에 적응하고 진화하도록 이끄는 힘이다.

혁신으로 이끌기 위해서 리더는 구성원들에게 기본 개념을 교육시켜 공감대를 형성하고 자발적인 참여를 이끌어야 한다. '왜' 해야 하는지를 역설하여 목적, 취지, 배경에 대한 명확한 정의를 직원들과 공유하고 '어떤' 요소로 혁신이 필요한 활동과 그 활동과 관련한 참여자, 자원, 역량, 상품, 정보, 인센티브를 인식시키며, '처리 방식' 과 '구조' 로 혁신을 위한 각 활동 간의 연결고리를 파악하고 순서를 정하여 누가 수행하고 관리하는지를 규명하여 제도를 재정립해야 한다.

기업에서의 혁신은 고객에게 더 높은 가치를 제공한다는 것이 제일이다. 둘째는 기업 활동의 효율성을 높이는 것인데 일의 순서나 배열을 개선하여 거래 비용을 낮추는 것이 그리 어려운 일은 아니지만, '익숙한 것' 을 버리는 것에 대한 심리적 저항을 없애는 것은 어려운 일이다. 린 씽킹(Lean thinking)을 바탕으로 기업 혁신을 이루기 위한 6 시그마(Six sigma) 활동도 평균을 높이는 것이 아니라 산포를 줄이는 것에 초점을 맞춘다는 것을 구성원들과 공유하는 것이 중요하다.

예를 들어, 물류센터에 오는 500대의 입고 차량의 도착시각을 평균 10분 앞당기는 것이 목표가 아니라, 지정된 시간보다 50분 빨리 오고 50분 늦게 오는 차량이 없어야 센터 운영을 효율적으로 할 수 있다는 것은 지당한 논리지만, 실제 물류센터 직원들이 여기에 모두 동의하는지 확인해 봐야 할 것이다.

원재료 공급으로부터 제조, 운송, 보관, 분류, 유통을 거쳐 고객에까지 이르는 가치 사슬의 모든 구성요소 간에 프로세스의 결합도와 정합성이 동시, 동기화되어 있는지를 확인해야 한다.

그래야 혁신에 들이는 노력도 좁히고 집중해서 성공할 수 있다.

보안 담당자 시절에 점포의 CCTV 개선방안을 만들어 기능은 2배로, 설치 및 운영비용을 반으로 줄이는 데 성공했다. 이후 SCM 부문장 시절에 RFID, 함안물류센터, '선행물류', 익스프레스 부문장 시절 초단기간 내 흑자 전환, 마케팅 부문장 시절 홈플러스 송, 스포츠 마케팅, TV 광고, 가상 스토어, 스마트 결제를 시행했고, 상품부문장 시절에는 상품 공급업체와의 협업 계획, 가전브랜드 샵 등을 실행했는데, 이 모든 것은 현장에서 관찰한 결과에서 비롯된 아이디어였다.

'선행물류' 는 SCM 부문장 시절에 목천 물류센터에 가서 물류 문외한으로서 좀 더 나은 방법을 찾기 위해 입고 장면을 몇 시간 지켜보다가 고안해 낸 방법이다. 유통회사는 센터에 입고된 이후의 물류만 관리하는 것이 그때까지의 관행이었다.

공급망 관리는 '원재료 공급에서 최종 소비자에 이르기까지 모든 단계에서 비효율을 없애고 가치 사슬에서 상품과 현금 흐름의 정보를 동시화, 동기화시켜 소비자가 원하는 시간과 장소에 원하는 상품을 위치시킨다' 라는 용어의 정의를 되살려 보더라도 물류센터 이전 단계의 비효율을 없애야 더 좋은 상품을 더 싼 가격으로 제공할 수 있다.

물류센터에서 점포로 간 차량은 공차로 귀환한다는 점에 착안했다. 빈 차로 물류센터로 오는 동안에는 '가치' 는 증진되는 것은 없으나 '비용' 은 쓰인다. 점포에 상품을 배송(후행물류라 한다)한 물류 트럭들이 돌아오는 길에 상품공급업체에 들러 상품을 싣고 센터로 오는(선행물류) 프로세스를 만들고 시스템을 개발하여 원하는 업체들을 대상으로 설득을 벌여 선행물류 서비스를 이용하도록 했다. 공급업체로서는 물류비를 최소 30% 이상 절감할 수 있다. 검품, 검수를 위해 동반하는 인건비를 아예 없앨 수 있고, 자신의 창고에서 상차와 매입이 동시에 이루어지므로 그 이후의 사고나 상품 훼손에 대해 걱정할 것도 없어진다.

그렇다면 홈플러스는 무엇을 얻게 되었는가? 표준 트럭으로 입고하게 되었을 때의 이점은 상식선에서 생각해 봐도 어마어마하다. 혁신이 필요하다고 생각되면 현장으로 바로 나가서 고칠 점이 보일 때까지 '관찰' 하라.

03. 혁신을 이끌어 내는 조직환경을 조성하라

"살아 있는 실패작은 죽은 걸작보다 낫다. 성공, 실패는 우연이 아니다. 실패할 수 있는 용기가 있을 때 성공한다. 용기는 두려움을 극복하는 것이다." - 버나드 쇼

사람들은 지금보다 더 힘들어질지도 모른다는 두려움 때문에 변화를 좋아하지 않는다. 그러나 변화는 선택이 아니라 필수적으로 오는 것이다. 변화에 빨리 적응하고 변화를 새로운 발전의 기회로 활용하려면 리더는 현실 안주에서 벗어나 위험을 감수하는 용기를 가지고 주도적으로 변화를 이끌어 나가야 한다.

리더가 "내 생각이 최선이며 내가 아니면 안 된다"라고 자기제일주의적 사고를 하거나, 기존의 관행과 방법만을 되풀이해서는 조직이 발전할 수 없다. 리더는 구성원들의 의견을 존중하고 수용하는 열린 마음으로 그들의 창의적 사고와 행동을 칭찬하고 격려함으로써 전 직원들이 회사 발전을 위해 노력할 수 있는 분위기를 조성해야 한다.

창의력은 개인적 특성인 동시에 환경적 상태에서 키워지므로 여유, 호기심, 모험심을 허용하는 리더십이 절대적으로 필요하다. 결과와 무관하게 색다름과 독창성을 최고의 가치로 인정하고 격려해 주는 분위기, 즉 '생각이 자유롭고 실수가 허용되는 환경'을 만들어야 한다.

세상을 바꿀 힘이 있는 인재의 독창성을 끌어내려면 그들이 호기심이 많고 대세에 순응하지 않고 반항적이며 위계질서에 맞설 만큼 정직하여 조직과 충돌이 있을 수 있다는 것을 이해하는 한편, 실패할까 봐 두려운 마음, 성공하지 못할까 봐 지레 겁먹지 않도록 다독이고 격려해야 한다. 리더는 스스로 혁신가이거나 자신보다 나은 혁신가를 찾아야 한다.

영국의 유통 대기업 ASDA의 CEO 아치 노먼은 점포혁신 프로젝트를 시행할 때, 고객과 직원이 중심이 되는 문화를 구축하는 데 필요한 리더십과 조직적 역량을 갖춰 'ASDA Way'를 실천할 수 있는 점포인지를 먼저 테스트하고 통과하면 자금 등을 지원하고, 불합격하면 기업혁신팀에서 컨설팅 후 재도전하게 하는데, 두 번째도 불합격한 점포는 점장을 교체하는 강수로 200개 점포를 성공적으로 변화시켜 10년간 시가 총액을 열 배로 증가시켰다.

왜 어떤 점포는 ASDA Way를 실천할 수 있고, 어떤 점포는 아니었을까? 왜 불합격하면 점장을 교체했을까? 혁신은 리더가 가장 중요하기 때문이다. 진정으로 조직문화를 완전히 바꾸려면 리더의 생각을 바꾸든가 리더를 바꿔야 한다.

중국 검색시장에서 80% 이상을 점유하는 기업인 바이두의 조직문화는 실수나 실패를 해도 좋으니 뭐든지 해 보라고 장려하는 것이다. 창업자 리엔홍은 이렇게 말한다.

"바이두는 아직 어린아이다. 어린아이는 항상 넘어지면서 성장한다. 우리도 마찬가지다. 작게라도 실험적으로 테스트하고 실패하면 바로 개선하고 수정하면 된다. 검색횟수가 늘어나는 것보다 바이두의 엔지니어들이 끊임없이 생각하고 창조하는 것이 더 중요하다."

사실 바이두의 초기 검색엔진은 많은 문제점을 안고 있었으나 일단 출시하여 이용자에게 서비스하기로 했다. 사용하면서 발생하는 문제는 그때그때 해결해 나갔다. 무엇보다 타이밍이 중요한 인터넷 시장에서 바이두가 기술적으로 완벽한 상태에서 시장에 진출하려고 했다면 시장을 선점하는 기회는 영원히 잡을 수 없었을 것이다. 바이두의 지식인 서비스도 고객의 피드백을 통해 끊임없이 개선하여 현재에 이르렀다.

또한, 자기 의견을 자유롭게 낼 수 있는 바이두의 수평적인 조직 문화도 자연스럽게 혁신을 장려한다. 기존 중국 기업의 CEO들은 개인 영웅주의, 즉 1인 기업가 정신이 강하다. 그러나 바이두의 조직문화는 민주주의적 성향이 매우 강하다. 창업자이면서 CEO인 리옌훙이 낸 의견도 통과되지 않았다. 다수의 임원이 리옌훙에 동의하지 않았기 때문이다. 이런 광경은 바이두에서는 흔히 볼 수 있다. 직급이 높다고, 사장이라고 그 의견이 다 반영되지는 않는다.

리옌훙의 의견도 여러 의견 중 하나이기에 CEO인 그가 말하는 중간에라도 임원이든 사원이든 인턴이든 누구든 이견을 제시하거나 질문을 할 수 있다. 산업시대에서는 CEO의 명령을 수행하는 수직적인 문화로 기업이 성장할 수 있었지만, 현대 지식사회에서는 조직 문화도 민주적으로 바뀌어야 한다는 것이 리옌훙의 생각이다.

1) 혁신하려면 측정하라

명확한 목표를 설정하고, 적절한 접근법을 선택한 뒤, 결과를 측정하고 이를 이용해 새롭게 문제 접근법을 개선하는 과정을 따르는 것이 혁신을 이루는 데 도움이 된다. 조직이라면 모두 다 이렇게 하고 있을 테지만 이 중 '정확한 측정' 즉 피드백이 핵심 절차라는 것을 아는 조직은 그리 많지 않다.

유통업체들이 고민하는 것 중에 하나가 재고다. 총 재고, 재고 일수, 재고 순환율, GMROII 등이 손익의 핵심요소이므로 주요 성과지수에 포함되어 있다. 재고가 움직일 때마다 엄청난 비용을 수반하는 데다, 재고는 운전자본으로 연결되므로 현금흐름에 직결되며, 신용에도 영향을 미치기 때문에 당연히 줄이려는 노력을 하게 되고 한 가지 방법으로 의미 없는 점포 후방의 재고를 없애자는 혁신활동을 하게 된다.

이름하여 '후방 무재고' 운동을 벌이는데, 일반적으로 재고의 흐름 전체를 보면서 어느 부서가 무엇을 해야 한다는 것을 정하기 위해 처음부터 끝까지 책임지는 'End to End' 분석을 통해 전사 목표와 각 부문의 목표를 설정하고 주간 단위로 평가하고 보완하는 작업을 해 나간다.

후방 무재고는 CEO가 직접 지독하게 챙기면 그때는 확실히 좋아지는 것처럼 보인다. 후방에 있던 재고를 매장으로 보내든지, 물류센터에 놓든지, 공급업체로부터 안 받으면 되기 때문이다.

문제는 이럴 경우 결품으로 인해 고객이 떠나거나 공급업체와의 관계가 나빠지고, 유통업체 내의 각 부문 간의 이해관계 대립으로 심각한 갈등이 조장된다는 것도 무시할 수 없다. 더 큰 문제는 CEO가 어느 정도 만족을 하여 다른 이슈에 시선이 돌아가는 순간, 그동안의 노력이 무색하게 후방은 도로 재고로 가득 채워진다.

목표는 잘 세워졌고, 목표를 달성할 중점 활동도 잘 만들어졌는데 왜 이렇게 될까?

주기적 평가 분석 시에 참여자 모두 동의하는 측정 방법이 잘못 설정되어 있거나, 만들지 않았기 때문이다. 후방에 있는 재고만을 점검하여 없애는 것이 아니라 이해관계가 완전히 다른 고객과 직원, 협력업체와 주주 모두가 반길 수 있는 win-win-win-win이 될 수 있도록 무엇을 측정하고 어떻게 문제를 해결해 나갈지에 대한 전략적 접근이 잘 못 되었기 때문인 것이다. 균형성과평가(balanced score card)의 핵심은 '균형' 과 '측정'에 있다.

2) 관여하고 보상하라

인간은 주도적이고 자율적이었을 때 혁신을 이룰 수 있다. 기업 경영의 딜레마가 규정준수와 혁신활동이 서로 대척점에 있다는 것이다. 회사를 운영하기 위해 만든 많은 규칙을 구성원들이 준수하길 요구한다. 문제는 사람들을 이렇게 통제했을 때 자발적이고 적극적으로 관여하지 않는다는 것이다. 스스로 방향을 설정했을 때만 관여한다. 기업가만이 통제 당하는 사람이 아니고 이끌어 가는 리더이기에 기꺼이 관여한다.

통계에 의하면 우리나라 회사원의 11%가 업무에 관여하고 67%는 관여하지 않으며, 22%는 적극적으로 비관여한다고 한다. 인간의 본성은 능동적으로 관여하는 것인데, 피동을 요구하는 시스템과 문화에 의해 그렇게 되는 것이다.

혁신을 위해 임직원들이 자발적으로 관여할 수 있도록 제도를 개선해야 한다. 혁신을 위해서 회사원들이 회사 규정을 무시하고 지키지 않도록 하자는 것이 아니다. 직무기술서에 있는 자기 일을 시키는 대로 준수하는 것이 아니라, 스스로 관여하여 발전시킬 수 있도록 제도와 정책을 개선하자는 제안이다.

또한, 보상체계도 개선해야 한다. 주도성, 전문성, 목적성을 부여하여 창의적 업무를 장려할 수 있도록 동기유발을 위한 보상방법을 연구해야 한다. 정해진 순서를 그대로 밟아가는 단순한 업무, 알고리즘적 업무는 일반적인 금전적 보상이 효과가 있으나 복잡하고 창의적이고 장기적인 과제는 그런 보상이 효과가 없다. 성과에 대한 보상이 아니라 혁신하려는 동기에 보상이 따라가야 하기 때문이다.

리더는 스쳐 지나가는 바람도 놓치면 안 된다. 호기심을 갖고 주위 사물을 자세히 관찰하고 발 빠르게 한발 앞서 나가야 한다. 그리고 리더는 지독할 정도로 깊게 파고 들어가야 한다.

유통기업의 마케팅 담당자들은 날씨보다 더 큰 마케팅 수단이 없다는 걸 다들 알고 있지만 봄, 여름, 가을, 겨울의 정의가 무엇이고 어떨 때 왔다는 건지, 어떨 때 간다는 것인지, 24절기는 우리 일상에 어떤 영향을 미치고 장마, 복날, 열대야, 태풍은 무엇이고, 강우, 강설이 예상되었을 때 우리는 무엇을 해야 하는지에 대해 '대충' 아는 것이지 '제대로' 공부하는 마케터들은 많지 않다. 그러니 이런 상황에서 조금만 더 독해지면 경쟁에서 이긴다.

혁신도 사람이 하는 것이라서 위축되면 아무것도 나오지 않으니 상황과 여건을 만들어 자연스럽게 혁신가가 되도록 유도해야 한다. 영국 테스코의 철학 중 절대적으로 동의하는 것이 'Every Little Helps' 라는 것이다. '모든 것에서 아주 조그만 개선으로 고객, 직원, 회사에 도움이 되도록 하자' 라는 의미로 해석된다.

유통업의 특성이 엄청난 수의 고객과 직원, 매장, 공급, 물류, 용역, 서비스가 유기적으로 연결되어 있으므로 '지금, 여기, 나' 의 정신으로 모든 임직원이 현장에서 혁신을 위한 노력에 동참하면 언젠가 전혀 다른 수준의 회사로 점차 변모한다는 철학이다. 하루에 1%씩 생산성을 향상시키는 회사와 하루에 1%씩 퇴보하는 회사가 있다면 1년 후에 생산성에서 1,462배 차이가 난다는 것을 알아야 한다.

아래의 체크리스트를 현장에서 활용하기를 바란다.

1. 고정관념을 과감히 버린다.

2. 안 되는 이유보다 되는 방법을 고민한다.

3. 변명하지 않고 바로 수정한다.

4. 완벽을 추구하지 말고 50점도 좋으니 미루지 말고 즉시 시행한다.

5. 좋은 일은 계속하고 잘못된 일은 즉시 고친다.

6. 돈이 들지 않은 개선부터 먼저 한다.

7. 근본 원인을 찾아서 고친다.

8. '왜'를 5번 반복해서 묻고 답을 찾는다.

9. 한 사람의 지식보다 열 사람의 지혜를 소중히 한다.

10. 개선을 무한하다고 생각한다.

제7원칙
늘 배우고 사람을 키워라

"프로 선수는 자기 시간 중 20%를 시합에, 80%를 훈련에 투자하는 데 비해, 대부분 직장인은 자기 시간의 99%를 일에, 1%를 자기 계발에 투자한다. 운동선수로 치자면 거의 연습도 하지 않고 시합에 임하는 것과 마찬가지다." - 혼다 나오유키

리더가 직급이나 직책만으로 구성원에게서 존경과 신뢰를 받기는 힘들다. 풍부한 경험과 자기 성찰을 위한 부단한 노력과 연구를 통하여 직원보다 뛰어난 전문지식을 갖고 있으면서 항시 공부하는 자세를 가져야 구성원으로부터 신망을 얻는다.

리더는 자신의 능력 계발뿐만 아니라 구성원을 훈련시킬 책임이 있다. 평소 조직의 일원으로 기여할 수 있도록 교육 훈련받아 육성된 구성원은 기강, 사기 및 단결심이 고취되어 업무 수행에서도 적극적이고 자발적인 열의를 가지기 때문이다. 팀의 임무완수와 목표 달성의 성공 여부는 구성원의 능력을 계발시키고 육성하여 이들을 어떻게 잘 활용하느냐에 달렸다.

육군 중위 시절에 대대 교육훈련 장교를 거쳐 보병 사단의 훈련지원장교로 보직받아 근무한 이래 각급 제대에서 작전업무와 교육훈련 업무를 담당했다. 그리고 지휘관 및 참모 생활을 통하여 '교육훈련은 천재를 만든다' 라는 신념을 갖게 되었다.

홈플러스에서 수많은 부문장 직책을 맡았을 때 한 번도 그 업무를 경험하거나 정확히 알고 시작한 것이 없었다. 내가 정확히 아는 것은 '내가 아는 것이 없다' 는 것이다. 내가 할 수 있었던 방법은 두 가지뿐이었다. 첫째, 치열하게 배우며 공부하는 것. 둘째, 그 업무에 정통한 부하 직원들이 그 일을 마음껏 하도록 상황과 여건을 만들어 주는 것.

홈플러스에서 보안담당으로 입사하여 처음 팀장이 되었을 때, 교육일지를 작성하여 아침 한 시간씩 우리 부서원을 대상으로 교육을 시켰고, 익스프레스에서는 양성과정과 향상과정 등의 소집교육을 기획하여 직원들의 능력 제고를 위해 열심히 노력했다.

상품 전체를 총괄하는 부사장 자리에서도 주간 단위의 정기 미팅으로 바이어 1명과 MD 1명, 주임이나 대리급 실무자를 점포에서 만나 그들이 담당하는 50~60개의 단품에 대해 고객 분석, 시장 상황과 매출 트렌드, 경쟁, 공급업체 등에 대한 질문과 대답을 통해 구색, 품질, 가격, 행사, 물류, 서비스 등에 대한 지식을 늘리고 어떻게 매출과 이익을 증진시킬지에 대해 세 시간 정도 함께 공부하는 자세로 열띤 토론을 했었다.

성공한 기업과 사람의 공통점은 항상 배우고, 옳다고 생각하면 실천하는 것이다. 배움에 대한 열정은 지식의 겸손에서 시작한다. 또한, 리더는 인재양성이 기업의 자산을 극대화하는 가장 큰 과제임을 깨닫고 양성, 향상 과정 등의 교육훈련 프로그램을 개발하여 구성원들의 동기유발과 사기를 올리고 그들의 장래를 준비하도록 지도해야 한다.

01. 리더가 먼저 갈고 닦아라

공자는 "자신을 갈고 닦아 사람을 편하게 하라 (修己安人)"라고 설파했다. 리더는 가르치는 사람이 아니라 배우는 사람이고, 배우는 것이 가장 즐거운 것이라는 자세를 직원들에게 몸소 보여주어야 한다. 구성원에 대한 가장 훌륭한 교육자는 리더이다.

리더는 직원들의 전문적 능력뿐만 아니라 올바른 품성을 갖추도록 지도해야 한다. 구성원을 올바로 지도하기 위해서는 해박한 지식과 고결한 품성을 갖추도록 지속적인 자기계발 노력을 해야 하며 효과적인 지도방법에 숙달해야 한다. 강의, 코칭, 질문 능력을 갖춰야 하며 멘토링과 롤모델링으로 구성원을 이끌어야 한다. 직원이 일 잘하는 인재로 자라게 하기 위해서는 일 잘하는 상사의 모습을 직접 보여야 하는데, 아래처럼 스스로 일을 잘하는 리더인지를 확인해서 지속해서 수양해 나가야 한다.

Leadership Tip

나는 일을 잘하는 리더인가?

1. 업무의 기본과 원칙을 중요시하고 항상 지킨다.
2. 나의 역할을 알고 역할 이상을 수행하여 상위 직책을 수행하기 위해 노력한다.
3. 나 자신을 명확하게 인식하고 일을 즐기고 있다.
4. 도전적인 목표를 설정하고 일 단위로 평가하여 목표를 초과 달성한다.
5. 달성해야 할 목표를 명확하게 제시하여 구성원에게 무엇을 해야 할 것인가를 분명히 알린다.

6. 의사결정 시, 상사나 주변 임원의 방향과 중점 사항을 알고 전사 관점의 의사결정을 추진하며, 타 부문과 갈등이 발생하거나 업무 협조가 이루어지지 않을 경우 적극적으로 나서서 해결한다.
7. 업무에 대한 전문성과 폭넓은 경험을 바탕으로 사업의 맥을 파악하고 미래 방향을 정확히 예측한다.
8. 다양한 채널을 통해 업계, 시장, 경쟁사 동향 등 필요로 하는 정보를 습득한다.
9. 보고 받은 사안에 대해서 관련 내용 및 이슈를 주의 깊게 파악하여 업무에 혼선을 초래하지 않는다.
10. 구성원의 성장을 위해 관심을 가지고 권한 이양, 도전과제 부여, 조언 등을 하고 있다.

02. 학습으로 팀의 수준을 높여라

학습하는 조직은 미래를 창조하기 위해 지속해서 자신의 능력을 계발시키는 조직이다. 따라서 리더는 자신의 팀을 끊임없는 자기반성을 통하여 스스로 학습하는 체계로 만들어 팀의 수준을 높여야 한다. 어떤 과업이든 사후 검토를 통하여 스스로 문제점을 발견하고 개선시킬 수 있는 업무체계를 확립해야 한다.

첫째, 전문성을 계발해야 한다. 진보된 정보과학화 추세로 산업 환경이 변화됨에 따라 전문 지식의 요구가 증대되고 있다. 따라서 리더는 장래의 지속적 성장을 보장하기 위해서 자신은 물론 구성원들이 지식과 경험을 통해 전문성을 갖출 수 있도록 계발해야 한다. 인공지능, 딥 러닝, 사물인터넷, 블록체인, 스마트 콘트랙, 빅데이터, AR/VR 등에 대한 정확한 개념과 활용방법을 심층 연구하여 현업에 적용할 방법을 찾아야 한다.

시합에 이기려면 연습해야 한다. 독서와 자기계발을 하지 않고 일만 하는 사람은 연습하지 않고 시합에 나가는 선수와 같다. 경영사상가 톰 피터스는 "비즈니스맨이 훈련에 게으른 것은 망신스러운 일이다. 하지만 더 중요한 것은 조만간 남에게 따라 잡힌다는 사실"이라고 경고한다.

둘째, 좋은 리더는 결코 직원을 대신해서 일하지 않는다. 리더는 직원이 스스로 일할 수 있게 만들어야 한다. 직장에서는 OJT(on the job training: 직장 내 교육훈련)가 학습하는 조직을 만드는 효과적인 수단이다. 업무의 중단 없이 도제식으로 상사 또는 선배로부터 일을 배울 수 있는데, 리더는 "문제를 찾아내는 것에 그치지 말고 해결책을 제시"하라고 지도해야 한다. 구성원들에게 직접 해결을 요구하는 것은 생각과 일을 완성할 기회를 주는 것이다.

리더는 직원에게 지적인 근육을 늘리고 연습하라고 권장해야 한다. 그러지 않으면 다른 똑똑하고 유능한 사람들 앞에서 위축될 수 있기 때문이다. 업무 보고, 계획 발표를 통해 발표 능력도 키우고 자기 표현력도 향상시켜야 한다. 자신만의 필살기를 가진 프로페셔널로 만들어야 한다.

신입사원 면접을 하다 보면, 대학교에서 한 달 동안 배낭여행을 다니면서 남이 안 가본 곳에서 새로운 것을 느끼고 '자유로운 영혼'으로 구속받지 않은 시간을 통해 창의성을 키웠다고 자신을 소개하는 지원자가 제법 있다. 학생 때, 학교에서 열심히 공부하고 배운 것을 이용해서 세상의 발전을 위해 어떤 것을 했는지를 듣고 싶은데, 학교라는 틀에서 벗어난 것을 대단한 자랑거리로 하는 얘기를 들으면, '저 친구는 회사에 들어와서도 자신의 업무로부터 자유로운 영혼으로 살겠군'이라는 생각이 든다.

실무 직원들도 마찬가지다. 물론 홈플러스가 테스코의 일원이므로 거의 모든 보고서가 영어로 작성되고 외국 출장도 많고 영국인들과 미팅도 많으니 영어 능력은 필수다. 영어공부를 위해 노력하는 것은 높이 평가할 수 있으나, 일과 외 시간을 선용하는 범위를 넘어서 영어공부가 주 업무이고 회사에서 업무를 배워서 자신의 능력을 키우고 전문가로서 성장하는 것이 부수적이라면 동기들과의 경쟁에서 이기기는 힘들 것이다. 현재 하는 일에서 최고가 되도록 노력하는 자세가 자기계발의 본질이다.

셋째, 독서는 '일신우일신'을 실천하는 데 가장 좋은 수단이다. 인간은 다른 동물들과 달리 타인으로부터의 배움에 의해 출발선을 옮길 수 있는 유일한 동물이다. 다른 동물은 태어나면서 옛날 선조들의 출발선에서 다시 출발한다. 필자는 어릴 때부터 책 읽기를 정말 좋아했고 지금도 '독서 강박'이 있어 1주일에 두 권 정도 책을 읽는 편이다. 좋은 내용을 정리해 놓은 것이 점점 늘어나서 혼자 갖고 있기보다는 직원들과 나누려고 출근시간에 맞춰 '오늘의 좋은 글'이라는 제목으로 메일을 통해 10년 이상 직원들과 공유했었다.

세상에서 책보다 더 좋은 배움터가 있을까? 웬만한 단편 지식은 스마트폰 검색으로 바로 알 수 있는 시대가 되었지만, 사색과 독서만이 지식의 풍요와 지혜의 깊이를 더해 준다. 무림의 고수들이 자신이 갈고 닦은 무공을 천하에 조건 없이 공개하는 것이 책이고, 가장 짧은 시간에 가장 저렴하게 이를 자신의 내공으로 만들 수 있는 것이 독서다. 읽지 않는 사람은 읽을 수 없는 사람 이상의 장점을 가질 수 없다. 적어도 읽을 수 있는 나와 우리 구성원은 다독을 통해 자극을 받고 학습하면서 팀의 수준을 점차 높여가야 한다.

03. 자신을 뛰어넘을 인재를 양성하라

강한 동기는 성취감에서 유발된다. 리더는 승리하는 조직으로 만들기 위해 구성원에게 승리의 성취감을 자주 맛보게 해주어야 한다. 승리는 계속 승리의 기반을 마련한다. 구성원에게 자신감을 높여주고 승리의 자연스러운 욕구를 강화시키기 위하여 사소한 업무로부터 성취의 기회를 가질 수 있도록 지도하고 훈련시켜야 한다.

실적 부진으로 계속 경영목표에 미달할 때, 리더가 직접 개입해서 일을 떠맡는 것은 문제가 있다. 물론 진두지휘, 솔선수범의 열정을 발휘할 때가 있지만 시급하고 중요한 과제를 해결하는 것이 리더의 역할이지 구성원들의 일을 대신하는 것은 다른 이야기다. 스포츠 경기에서 코치나 감독이 직접 플레이를 하는 경우가 있는가?

프로의 세계에서는 당연히 그런 경우가 없을뿐더러, 초등학교나 아마추어 팀에서도 실제 감독이나 코치가 선수들보다 훨씬 더 기량이 뛰어나더라도 경기장 안으로 뛰어들어가 공을 가로채 골대로 몰고 가지는 않는다. 코치들은 분명 그렇게 하고 싶은 유혹을 받겠지만 코치의 역할은 가르치는 것이므로 그렇게 하지 않는다.

그런데 조직이 위기에 처했을 때 많은 리더가 필드에 난입하여 공을 몰고 슛을 하는 행위를 당연하게 생각한다. 직원이 진행 중인 프로젝트가 지지부진하다고 리더가 직접 추진한다던가, 협력업체와의 상담을 바이어를 제치고 한다던가, 직원이 한참 브리핑하는 중에 리더가 끼어들어 보고를 끝내 버리면 직원은 성장할 기회를 놓쳐 버린다. 선생님이 학생들의 숙제를 대신 해주면 학생의 실력을 키울 수 없다.

훌륭한 리더는 자신의 역할이 자원을 투자해서 가르치고 지도하는 것이라는 사실을 알고 있다. 경기는 선수들에게 맡겨야 한다. 그래야만 선수들은 경기장에서 코치가 없을 때도 이기는 팀이 된다.

GM 전 회장인 코오디너는 "훌륭한 리더는 최소한 3년 이내에 자신보다 3배의 성과를 높일 수 있는 사람을 3명 이상 육성해야 할 책임이 있고 상사의 업적은 부하들의 능력을 통해 달성된다"라고 말했다. 그리고 맥도날드 전 회장인 레이 크룩은 "많은 사람이 성공의 척도를 돈을 얼마나 많이 벌었느냐에 둔다. 그러나 나는 얼마나 많은 사람을 백만장자로 만들었느냐가 성공의 척도라고 생각한다. 내가 여기 있는 이유는 직원들의 업무를 돕기 위해서다. 직원이 성공할 수 있도록 싸우고 방어하며 모든 간섭을 배제할 것이다. 왜냐하면, 직원이 성공해야 내가 성공하기 때문이다"라고 말했다.

리더의 역할은 구성원들의 잠재력을 충분히 발휘할 수 있도록 도와주고 더 큰 성과를 이룰 수 있도록 격려하고 도와주고 부족한 영역을 채워 주고 알려 주는 데 있다. 그 업무를 하는 실무자보다 그 영역이나 업무에 대해서 상황이나 성공할 수 있는 요소에 대해서 더 잘 아는 사람은 없다. 더 열심히 일할 수 있는 여건을 만들어 주고 잘했을 때 성과에 대한 보상과 비전에 대해서 적극적으로 알려주어야 한다. 중간성과에 대한 구체적인 칭찬만으로도 매우 큰 변화를 이룰 수 있다.

간혹 주변을 돌아보면 담당자일 때 개인의 좋은 성과로 인해 리더가 되었지만, 리더가 된 후 팀원들이 잘 못 하는 부분만을 부각하여 질책하거나, 본인의 과거 성공 경험에 비추어 현재를 해석함으로써 팀 분위기를 부정적이고 불안하게 몰아가는 경우를 본다.

네슬레의 CEO 피터 브라벡은 "CEO의 가장 중요한 역할은 직원들의 능력을 현실화시키는 것이며, 그렇지 못하면 직원들이 회사를 떠날 것" 이라고 하였는데, 이 말이 시사하는 바는 매우 크다.

한국 최초로 브로드웨이에서 공연한 유명 연극 연출가는 "배우들에게 연출가가 원하는 수준을 얘기하면서 지도하면 그 수준 이상의 연기는 절대 나오지 않는다. 지도하고 싶은 유혹을 꾹 참고 기다리면 연출가가 상상하는 수준을 완전히 뛰어넘는 압도적이고 훌륭한 연기가 나온다" 라고 말한다.

리더는 이기는 경험에 익숙해지도록 구성원들에게 기회를 부여하고 자신을 뛰어넘을 때까지 참고 기다릴 줄도 알아야 한다.

제8원칙

상대를 내 편으로 만들려면 항상 소통하라

"나는 재직 중 일과의 40%를 직원들과 의사소통하는 데 할애했다. 그만큼 의사소통이 중요하다. 그중에서도 가장 중요한 것은 경청이다."

- 짐 버크, 존슨 앤 존슨 CEO

세상을 바꾸는 변화의 시초는 개인의 생각이다. 많은 사람들에게 효과적으로 전달하여 그들이 공감해서 적극적으로 참여했을 때 비로소 세상이 바뀌기 시작한다. 따라서 세상을 바꾸는 힘은 청중을 움직이는 의사소통에 있다. 특히 조직에서의 의사소통은 인체에서 신경계통과 같아 기업의 성패를 좌우할 정도로 매우 중요하다.

직장인의 93%가 동료나 상사 때문에 스트레스를 받는다. 비호감 1위로는 '불통'으로 꼽았다. 소통은 인간관계의 기본인데도 현대사회에서는 갈수록 대화가 메말라가고 있다. 대화의 대상이 사람이 아니라 스마트폰이나 컴퓨터가 되면서 대화 부족

사회가 된 것이다. 의사소통은 언어뿐 아니라, 비언어 수단을 통해 정보, 의견, 감정을 주고받으며 상호작용하는 과정이다.

조직이 한 단계 성장하려면 리더가 구성원의 의견을 존중하고 경청해야 한다. 의사소통이 활성화되어 서로 신뢰하는 분위기에서 구성원의 참신한 제안을 받을 수 있기 때문이다. 구성원의 아이디어와 애로사항에 대해서 진지하게 경청하며 의견을 존중해야 한다. 일방적인 상의하달식의 분위기에서는 잘못된 의사결정과 시행착오를 범하기 쉽다.

성공하는 리더십의 비결은 미묘한 인간관계에 있어 타인의 상황을 이해하고, 타인의 처지에서도 문제를 보고 판단할 수 있는 능력에 있다. 좋은 리더가 되려면 먼저 마음을 열고 다가가야 한다. 리더십은 친밀감과 신뢰가 바탕이다. 친밀감을 더하기 위한 의사소통은 기본적으로 양방향이 다 되어야 비로소 이루어진다. 사람은 자신의 마음을 이해해 주고 잘 알아줄 것 같은 사람에게 마음의 문을 연다.

리더는 말을 전달하는 것도 잘해야 하지만, 듣는 것이 훨씬 더 중요하다는 것을 깨닫고 경청을 통한 자신의 의사소통 능력을 향상해야 한다. 공감적 경청으로 구성원을 이해하고, 신뢰를 쌓으면 존경을 받을 수 있다. 직원끼리도 서로 신뢰하고 의지해야 한 방향으로 나아갈 수 있으며 이러한 소통의 책임은 리더에게 있다.

많은 리더가 착각하는 것 중 하나가 본인이 소통의 대가라고 생각하는 것이다. 말을 잘하거나 글을 잘 쓰면 물론 의사소통에 도움은 된다. 자주 많은 의사교환을 하는 것도 소통에 긍정적으로 작용한다. 그러나 내가 생각하는 의사소통의 개념은 나의 머릿속에 있는 스키마(schema)를 전달하고자 하는 사람들의 머릿속에 똑같이 그려주는 것이다.

누군가의 얘기를 들으면서 '저 사람은 하고자 하는 말을 상대가 이해했다고 생각하는 걸까? 하고 의문을 가져 본 적이 많았다. 듣는 사람이 정확히 이해하지 못했다면 말하지 않은 것과 같다. 소통은 내가 말을 잘한다고 해서 쉽게 되는 것이 아니다. 나의 의견이 상대방에게 통했을 때 소통이 이뤄지기 때문이다. 그러므로 화자(話者)가 중요한 게 아니라 청자(聽者)가 잘 이해했느냐가 중요하다.

영국 테스코는 임직원과의 의사소통에 큰 노력을 기울인다. 회사에서 일어나는 일을 TV나 신문 등 미디어를 통해서 직원들이 알게 되는 것은 임직원에 대한 예의가 아니라는 것이 경영진의 철학이다. 회사의 전략과 중장기 계획, 올해 경영계획, 핵심 추진 프로젝트, 변화 및 혁신업무 등을 해외 13개국과 영국 임직원들 2,500명 정도를 런던으로 초청하여 CEO를 포함한 경영진이 온종일 직접 자세하게 설명한다.

홈플러스를 포함한 각국의 테스코에서도 연초에 임직원들을 모아 놓고 회사의 비전과 전략, 사업계획을 경영진들이 자세하게 설명한다. 전반기 말 정도에 타운 미팅(Town meeting)이라는 이름으로 그룹 CEO와 해외사업담당 부회장이 직접 각 나라를 돌면서 현황 브리핑을 간단히 하고 임직원들의 질문에 대해 성심껏 답변한다.

또한, 협력업체와의 소통을 위한 컨퍼런스를 열어 테스코가 어떤 생각을 하고 있는지에 대한 설명과 질의응답으로 서로에 대한 이해를 증진한다. 그룹과 각 나라의 CEO가 의사소통하는 데 노력하는 모범을 보이므로 기능별 임원들도 자연스럽게 직원들과 대화하고 최근에는 아예 임원실을 없애고 직원들과 언제든지 접촉할 수 있도록 사무실의 하드웨어를 바꿨다. 부문별 연 2회의 워크숍, 월례회의, 일대일 면담, 이해관계자들과의 미팅, 팀별 점심을 함께하고 커피 미팅을 갖되, 개인별 3가지 질문에 대한 답변의 시간을 갖고, 팀 회식도 장려한다.

성공적으로 의사소통하는 아주 쉬운 방법이 있다. 바로 인사하기다. 아침 출근 시에 슬그머니 자기 자리로 가서 컴퓨터를 켜면서 일과를 시작하다 보면 먼저 와 있는 상사나 동료, 후배들에게 인사 기회를 놓쳐 버려 다시 인사하기가 겸연쩍어질 수 있다. 인사는 회사의 사기를 보여주는 지표이니 상하 따지지 않고 서로 인사하는 분위기를 장려하는 것이 좋다.

하루를 기분 좋게 시작하려면 상대방이 어떤 반응을 보일지 생각할 필요 없이 먼저 인사를 하면 된다. 그래서 인사 잘하라고 강조하는 것보다 아예 제도로 만들어 보자는 생각으로 '체크인, 체크아웃 제도'를 만들어 보았다. 매일 아침 출근하여 일과가 시작되면 팀원들이 의자를 갖고 와 둥글게 앉은 다음 준비된 사람부터 먼저 하든지, 앉은 순서대로 하든지 하여 지금 내 생각과 감정을 하나씩만 얘기한다. 퇴근 시에도 같은 형식으로 돌아가면서 얘기하되 서로 오늘 수고했다는 격려와 잘한 것이 있을 때 축하하는 시간을 갖는다.

"오늘 추석 행사 계획을 완료해야 해서 마음이 좀 바쁩니다. 그런데도 요즘 날씨도 좋아졌고 이번 주 매출이 아주 좋아 기분 좋게 하루를 시작합니다."

출근 시 자연스럽게 근태 관리에 기여하면서 서로 인사하고 현재의 생각과 기분을 팀에게 알려주고, 퇴근 시 서로를 북돋우는 단결력이 생기며, 부수적으로 야근 방지에도 효과가 있다. 물론 팀장의 훈시 시간이나 일부 직원들의 긴 얘기 또는 불성실한 참여가 있을 수 있는데, 지속해서 일깨우면 매주 수준 높은 일일 행사로 만들 수 있다.

01. 말 잘하는 사람보다 잘 듣는 사람이 이긴다

예 1 : 노래를 리듬으로 전달하면 듣는 사람이 노래 제목 맞추기
예 2 : 그림을 보면서 설명하면 듣는 사람이 그 그림을 그려 보기

내가 알고 있는 것을 상대의 머릿속에 그려 넣기가 얼마나 힘든지 경험할 수 있는 훈련이다. '지식의 저주'라는 말을 들어본 적 있는가? 다른 사람의 행동이나 반응을 예상할 때, 자기가 알고 있는 지식을 다른 사람도 알 것이라는 고정관념에 매몰되어 나타나는 인식의 왜곡을 말한다.

대학교수가 대학교 4학년을 가르칠 때보다 초등학교 1학년을 가르칠 때 더 어려움을 겪는다. 기업에서 교육하거나 지시

하는 상급자는 자신이 그 내용을 잘 알기 때문에 이 정도는 직원들이 잘 알 것이라고 예단하는 경우가 많다. 리더는 '내가 이렇게 말하면 우리 직원들이 정확히 이해할까?' 를 항상 생각하여 용어 선정부터 교재 사용까지 청자(聽者)의 눈높이에 맞게 배려하는 자세를 견지해야 한다.

한 사람의 의견이 강력한 힘을 발휘하려면 의견 자체의 강력함이나 말하는 사람의 지위 보다는 의견이 얼마나 많은 청중들에게 수용되었는지가 중요하다. 의견(opinion)보다 여론(public opinion)이 중요하다는 얘기다. 여론이란, 개개인의 견해가 의사소통을 통해 탄생한 '힘 있는 의견' 이다. 여론은 의사소통을 통해 숙성된 의견의 집합체로 집합체의 힘, 이견 조율의 지혜, 소수 의견을 위한 배려가 응축되어 있다. 조직에서 직원들의 집단에서 형성된 여론이 리더의 제안에 동조했을 때 강력한 동력을 얻을 수 있으므로 긍정적인 여론을 만들어낼 의사소통이 매우 중요하다. 조직 내에서 의사소통에 갈등이 생기면, 다음 사항을 고려해서 갈등을 해소해야 한다.

나는 어떻게 인식하는가?

상대방은 어떻게 인식하는가?

둘 사이에 인식의 차이가 있는가?

인식의 차이가 있다면 그 이유는 무엇인가?

또 같은 내용이라도 먼저 상대방에게 초점을 맞추어야 상대방이 자신의 이야기에 관심을 보인다는 것을 알고 문장의 순서를 바꾸는 등 효과적으로 대화하도록 발전시켜 나가야 한다. 같은 맥락에서 상대방의 말을 중간에 끊는 것도 좋지 않다. 말이 중간에 끊어져도 머릿속 테이프는 계속 돌아가게 마련이어서 남의 말이 귀에 들어오지 않는다. 중간에 말이 끊어져서 기분이 상한 경우에는 더욱 그렇다.

협상할 때 많은 사람이 사실부터 제시한다. 그러나 사실과 이해관계는 실질적인 설득력을 발휘하지 못한다. 상대방이 내 말을 들을 준비가 되었는지 확인하는 것이 먼저다. 그러기 위해서는 상대의 인식과 감정을 파악해야 한다. 상대방의 인식을 파악하는 가장 좋은 방법은 상대에게 질문을 던지는 것이다.

협상에서 질문은 단정적 말보다 훨씬 강력한 힘을 발휘한다. 협상에서 말할 때는 대부분 질문 형태여야 한다. 그래야 내가 상대방의 진의를 제대로 파악했는지 계속 체크할 수 있다. 특히 상대방의 도움을 구하는 식으로 질문하는 방법은 대단히 효과적이다.

또 하나의 효과적인 질문 방법은 틀린 부분이 있으면 지적해 달라고 상대에게 직접 요청하는 것이다. 만약 상대가 요청대로 틀린 부분을 지적했을 때는 솔직히 인정하면 된다. 협상에서 쓰는 모든 말은 민감하게 작용한다는 점을 기억하라. 생각을 구체적으로, 정확하게 전달할수록 오해로 인해 협상을 망칠 위험이 줄어든다.

리더에게 지나가는 말이란 없다. 대부분 직원은 상사의 말 한마디를 해석하기 위해 노력하고 상사의 의중에 맞게 업무를 추진하려 안간힘을 쓴다. 해석이 분분하거나 의중을 파악하기 어려운 부적절한 지시는 금물이며 지시사항과 참고사항을 정확히 전달해야 한다. 리더는 결정하는 사람이요, 책임지는 사람이다. "몰랐다", "직원이 한 일이다", "의도는 그게 아니었다", "그런 지시한 적 없다"라고 말하면 안 된다.

말 한마디에 천 냥 빚도 갚으며, 오는 말이 고와야 가는 말이 곱다는 말은 만고불변의 진리다. 말의 중요성을 깨닫고 상대에게 상처를 주지 말아야 한다. 저녁에 사진사를 초대한 사람이 사진을 보고 사진기가 좋아서 사진이 잘 나왔다고 빈정대면, 그 사진사는 맛있는 저녁을 대접받고도 냄비가 좋아서 음식 맛이 좋았다고 되받을 수 있다.

02. 경청해야 진심으로 존경 받는다

"남의 말을 경청하는 사람은 어디서나 사랑받을 뿐 아니라, 시간이 흐르면 지식을 얻게 된다." - 윌슨 미즈너

살다 보면 주는 것 없이 미운 사람 있고 받는 것 없이 좋은 사람이 있다. 사람들과 잘 어울리는 능력이 있는 사람이 직장에서도 좋은 인간관계를 맺으며 성공할 확률이 매우 높다. 이는 좌절을 대하는 태도와 감정 조절 능력과 합쳐져 리더십을 발휘하는 데 큰 힘이 된다.

직장인이 행복하려면 리더의 역할이 중요하다. 리더가 직원들의 마음을 헤아려 즐겁고 행복하게 일하도록 분위기를 만드는 데 앞장서야 한다. 또한, 직원들이 서로 신뢰하고 의지하면서 한 방향으로 나아가도록 하는 책임도 리더에게 있다.

리더가 직원이나 후배로부터 존경받기를 원한다면 먼저 그들을 존중해야 하고 진심으로 배려하고 감동을 줘야 한다. 특히, 구성원들이 어려운 일에 처했을 때 마음을 담아 위로하고 격려하는 자세가 필요하다. 경조사를 잘 챙기는 것도 필요하지만, 세심하게 구성원들을 격려하는 마음이 있어야 한다.

모두 인간이기에 겪게 되는 생일, 연애, 결혼, 임신, 출산, 육아, 어린이집, 입학, 대입, 졸업, 입대, 자녀 취직, 이사, 질병, 휴가 등 회사에서 얘기하기는 곤란하지만, 개인적으로는 매우 중요한 일들이 생겼을 때 직장 상사가 알아주고 배려하고 도와준다면 좋은 관계를 유지할 수 있다. 이는 당연하다. 누군가에게 상담을 통해 조언을 받고 싶을 때, 나보다 경험 많고 비슷한 고민을 해 봤을 것 같은 직장 상사가 첫 번째로 생각나야 하는 것 아닐까?

눈 떠 있는 시간 대부분을 회사에서 보내는데 숫자에만 관심 있고 위만 쳐다보며 자신만 챙기는 리더와는 오래 일하고 싶지 않을 것이다. 성과를 내고 싶으면 구성원들의 애로사항에 관심을 가져야 한다. 역지사지의 사고로 늘 들어주고 조치해 줘야 한다. "Treat people how we like to be treated(받고 싶은 대로 남을 대접하라)"라는 영국 테스코의 가치는 리더가 반드시 실천해야 할 좋은 원칙이다.

일은 사람이 하는 것이니 당연히 사람을 먼저 생각해야 한다. 좋은 리더가 되기 위해서는 먼저 마음을 열고 다가가는 노력이 있어야 한다. GE의 최고경영자였던 잭 웰치는 "훌륭한 리더십은 IT 기술을 잘 활용하는 사람보다 필요한 순간에 얼굴을 마주하며 문제를 함께 풀어가는 사람에게서 볼 수 있다. 왜냐하면, 리더십은 친밀감과 신뢰를 바탕으로 하기 때문이다"라고 말했다.

사람은 자신의 마음을 이해해 줄 것 같은 사람에게는 마음을 연다. 하지만 공감하지 못할 것 같은 사람에게는 마음의 문을 닫아 버린다. 인간관계는 공감능력을 바탕으로 발전하는데, 공감은 경청에서 시작한다. 공감적 경청은 상대방에게 집중해서 경청함으로써 상대방의 생각과 감정에 깊이 공감하는 것이다. 공감적 경청을 하면 상대방은 자신이 이해받는다고 느끼게 돼 마음을 연다. 그리고 점점 더 깊게 신뢰하며 존경심이 싹트기 시작한다.

존경은 존중에서 나온다. 존중하는 마음이 있어야 배려하게 된다. 배려하는 마음이 있어야 공감적 경청을 할 수 있다. 공감적 경청을 잘 해야 마음의 문을 열 수 있다. 마음의 문을 열어야 깊은 소통을 하게 되고 존경심을 갖게 된다. 따라서 진심으로 존경을 받으려면 상대 마음의 문을 열기 위해 공감적 경청을 하도록 노력해야 한다.

그래서 조직의 장이나 리더는 지갑을 열고 입을 닫아야 한다. 실무자였을 때 개인의 능력을 인정받아 장래가 촉망되었던 사람들이 리더가 되었을 때 실패하는 경우는 흔하다. 직급이 올라갈수록 개인 능력보다 소통 능력이 중요해지는데, 그 역할을 제대로 못했기 때문이다. 조직생활을 하다 보면 하위 직급에 있을 때는 자기 일만 잘하면 인정을 받을 수 있다. 하지만 한 팀의 리더가 되면 혼자서만 잘한다고 되는 게 아니다. 팀이나 부서 전체를 잘 챙겨야 한다.

반대로 실무자 시절에는 큰 시선을 끌지 못하다가 간부가 되어서 두각을 나타내는 사례도 적지 않다. 구성원들이 잘 따르고 존경하는 리더들은 자신의 주장을 일방적으로 지시하는 부류가 아니다. 부서원들의 의견을 존중한다. 그리고 부서원들의 아이디어와 애로사항에 대해서 진지하게 경청하는 모습을 보인다.

03. 의사소통만 잘해도 리더십이 달라진다

"어려운 것을 쉽게, 쉬운 것을 깊게, 깊은 것을 유쾌하게." - 이노우에 히사시

리더는 팀에서 의사소통 문제로 발생하는 마찰을 없애야 하

는 책임이 있다. 팀원 간 신뢰를 구축하고 효율적인 협업을 끌어내리려면 먼저, 팀원 간의 인식이 전혀 다름을 발견하고 대화의 장을 마련해야 한다. 팀원들에게 말할 기회를 충분히 제공하고 팀원 간 상호 비방을 금지하며 의사소통 규칙을 공유함으로써 동등한 입장에서 존중받는다는 믿음을 주어야 한다.

리더로서 소통을 잘 하기 위한 여섯 가지 요령을 소개한다.

첫째, 의사소통의 행동규범을 정한다. 팀 내 대화 시 자신만의 어휘, 유머 사용, 발언 끼어들기 등으로 오해가 생길 수 있는데, 서로 다른 소통방식을 존중하되 수긍이 가능한 의사소통의 수준과 범위를 정해 오해를 방지해야 한다.

특히, 이성 간의 표현 방식에 있어서 말하는 사람의 의도와 관계없이 듣는 사람이 불쾌감이나 수치심이 들었다면, 팀이 와해될 수도 있으므로 해야 할 말과 하지 말아야 할 말을 명확히 해 놓는 것이 좋다.

더불어 팀원들의 감정을 조율해야 한다. 팀원의 불만 표출 방법에 대한 교감이 필요한데 의견 충돌이나 갈등 상황에서 팀원마다 감정을 관리하는 방식이 다르므로 사전에 질문과 토론을 통해 감정 표출 방식을 조율해야 한다.

둘째, 압도적 프리젠테이션 능력을 보여라. 원래 모든 보고는 비대면 보고가 원칙이다. 보고서 작성 시 말로 보고한다는 가정에 따라 스토리를 전개한 다음 그것을 읽고 이해가 가게 작성하는 게 보고서다. 글을 먼저 만들고 그걸 말로 표현해 보면 잘 안될 것이다. 프레젠테이션을 할 때 몇 가지 원칙을 정해 놓고 발표를 준비하면 효과적으로 임팩트 있게 할 수 있다.

먼저, 전하고자 하는 메시지가 무엇인지를 분명히 해야 한다. 가능하면 짧게 하되 세 가지가 넘어가면 기억해 줄 청중은 없다. 10분 정도의 짧은 발표도 사실 최초 30초 이내에 성공과 실패로 결정이 난다. 구미가 당기도록 재미있게 시작해야 한다. 주제와 연관된 유머를 활용 하는 것도 좋다.

제발 무대 연단 뒤에 차렷 자세로 서서 자료만 보며 읽어대지 마라. 무대의 중앙에 서서 시선을 정확히 청중에 맞추고 과다하지 않을 정도로 두 손을 다 활용하는 것이 좋다. 가능하면 천천히 말하되 말의 강약을 조절하여 정확하게 발음해야 한다. 요즘은 스크린을 사용하여 발표할 경우가 많으니 동영상 등의 시청각 자료를 활용하되 이야기를 만들어 내듯이 전개하는 것이 좋다. 끝에 다시 한 번 발표 요지를 요약해서 강조하는 것이 효과적이다.

셋째, 세 가지로 줄여 말하는 습관을 들이는 것이 좋다. 의사소통은 듣는 사람이 요점을 잘 정리해서 다른 사람에게 똑같은 의미를 전달할 수 있으면 잘한 것이다. 너무 장황해서 무슨 말을 하는지 요약이 안 되는 것도 문제지만, 너무 많은 포인트를 얘기하는 것도 구성원들을 혼란에 빠지게 할 수 있다. 무조건 모든 것을 세 가지로 줄여서 얘기하는 버릇을 들여라.

> "올해 중점 추진 과제는 세 가지입니다.
> 첫째, ○○○, 둘째, ○○○, 셋째, ○○○."
> "지금 직면한 위협 요소는 세 가지로 판단하고 있습니다.
> ○○○, ○○○, 그리고 ○○○입니다."

말하는 사람도, 듣는 사람도 간단명료하게 핵심을 정리할 수 있다. 기자 간담회에서 100여 명의 유통, 경제, 산업 기자들 앞에서 경영계획과 혁신에 대해 홍보 담당 임원으로서 브리핑한 적이 있었는데 첫째, 둘째, 셋째로 했더니 기사 쓰기 좋다는 피드백을 받았다. 깐깐한 기자들도 요약해서 쉽게 얘기하는 것을 좋아한다. 훈련을 계속하면 자동으로 모든 것을 세 가지로 말하게 된다.

넷째, 1:1의 중요성을 알아야 한다. 대부분 리더는 팀원 모두를 모아 놓고 얘기하기를 좋아하는 경향이 있다. 그러고는 모든 것을 다 전달했으므로 소통을 잘했다고 자신한다. 그 미팅에 휴가나 출장으로 빠진 팀원들이 있어서 전달이 안 된 것은 예외로 하더라도 문제는 그 자리에 있었다고 리더의 얘기를 전부 이해하고 숙지하며 실천하는가에 의문을 가져야 한다.

가장 좋은 방법은 꾸준히 일대일로 만나서 얘기를 들어주고 명확한 리더의 생각을 전달하는 것이다. 통나무 물통 법칙이 있다. 와인을 숙성시키는 통을 보면 나뭇조각을 세워 붙여서 만든다. 만약, 그 나무 조각의 크기가 각각 다른데도 그 통에 와인을 담는다면 가장 작은 나무 조각 쪽으로 와인이 넘쳐 버릴 것이다.

서비스나 마케팅을 얘기할 때 자주 사용하는 법칙으로 한 사람이라도 실수하거나 불친절하면 고객들은 그 한 사람의 수준으로 회사 전체를 평가해 버린다는 것이다. 조직의 리더는 모든 구성원을 이런 생각으로 이끌어 가야 한다. 대다수가 리더와 잘 소통하고 조직 내 소통의 평균점수가 좋다고 절대 안심하면 안 된다. 늘 문제는 한 사람이 일으킨다.

다섯째, 침묵하는 다수, 시끄러운 소수 두 그룹 모두와 소통을 잘해야 한다. 댓글이 많이 달린 포털 뉴스를 조사해 보면 95%의 참여자가 55.8%의 댓글을 썼으나 5%의 참여자가 44.2%의 댓글을 쓸 정도로 적극적이다.

그러나 이러한 시끄러운 소수가 현실임에도 리더들은 "그건 일부 직원의 불평일 뿐이다. 대다수의 성실한 직원은 글을 올리지도 않는다" 는 태도를 보인다. 그러나 '침묵하는 다수' 보다 '시끄러운 소수' 의 영향력이 조직에서는 일반적으로 강력하다. '침묵하는 다수' 는 의견을 강하게 표명하지 않아 명확한 의견을 파악하기 곤란하며 어떤 사안에 대해 분명한 입장, 견해가 없는 경향이 있다.

리더는 소수 의견을 적극적으로 관리해야 한다. 기업은 소수를 적극적으로 활용해서 필요한 정책에 대한 여론을 환기하고 정책이 현장에서 어떻게 적용되는지 알려 주고 혜택 받는 사람들의 목소리를 들려주어야 한다. 또한, 침묵하는 다수의 목소리도 경청해야 한다. 소수라고 얕보지 말고 침묵하는 다수가 소수와 반대일 것이라고 섣불리 판단하지도 말아야 한다.

여섯째, 긍정적으로 말하도록 계몽해야 한다. 미국 뇌 과학자들의 연구 결과, 전체 뇌세포 230억 개 중 98%가 말의 지배를 받는 것으로 밝혀졌다. 뇌 속의 언어중추 신경이 신경계에 커다란 영향을 준다는 것이다. 대뇌는 서로 연결된 두 개로 구성된다. 과학자들은 최근 그 연결 부위에 있는 신경이 정보의 선별능력을 갖추고 있다는 사실을 알아냈다. 최적의 데이터를 수집해 의식의 세계로 보낸다. 따라서 어떤 내용에 대해 반복적으로 말하면 뇌는 그것을 이루기 위해 의식하지 못하는 가운데 자동 실행 장치를 켠다.

그래서 "다행이야!"라고 입버릇처럼 말하는 사람에게 좋은 일들이 자주 일어난다(잠재의식이 그런 것을 주로 찾아낸다). "재수 없어"라고 자주 말하면 정말 재수 없는 일만 생긴다(잠재의식이 그런 것을 주로 찾아낸다).

사람은 태어나서 죽을 때까지 계속 말을 하는데, 한 연구에 따르면 한 사람이 평생 500만 마디의 말을 한다고 한다. 그 많은 말 중에서 우리는 얼마나 좋은 말을 하고 살까? 인생은 자신이 하는 말대로 흘러간다. 좋은 말을 쓰면 좋은 인생, 나쁜 말을 쓰면 나쁜 인생이 되는 법이다.

원인과 결과는 한 덩어리다. 우리가 흔히 말하는 것은 결과지만, 그 결과를 세밀하게 살펴보면 그것이 다시 원인이 되기도 한다는 것을 깨달을 수 있다. 어떤 일에 대한 해석이 알고 보면 우리의 태도이며, 태도가 알고 보면 그런 일을 불러들인 원인이다.

리더의 무한 긍정적 표현은 조직을 밝게 만들고 사기를 올리는 좋은 자양분이다. 기업에서 자주 쓰는 용어도 재검토해서 긍정적으로 바꿔야 한다. 성공하는 리더의 비결은 타고난 능력에 있는 것이 아니라 말을 비롯해 긍정적인 사고방식과 습관에 있다.

제9원칙
정과 의리로 감동시켜라

"사람은 누구나 이기적이다. 사람은 누구나 다른 사람보다는 자기 자신에게 더 관심이 많다. 사람은 누구나 다른 사람들로부터 존경과 인정을 받고 싶어 한다. 좋은 인간관계를 유지하고 싶다면 이 세 가지 사실을 확실히 기억하라." - 레스 기블린

기업은 사람이 모여서 일을 하는 곳이다. 한 사람 한 사람은 비용이 아니고 재산이다. 그들 개개인이 회사를 통해 자신의 발전을 도모하고 성장하며, 삶의 질을 향상시키고, 행복을 추구하는 데 절대적으로 회사가 필요하다고 확신해야 한다. 직원들이 힘들고 괴롭고 불행한데 고객에게 행복한 미소를 지을 수는 없다.

기업이 고객에게 훌륭한 경험을 제공하고자 한다면 직원의 성과와 영향력을 제대로 분석하고 올바른 피드백을 통해 사기를 북돋워야 한다. 권한이양으로 각 분야에서 직원 스스로가

결정권을 갖고 행사할 수 있도록 해야 한다. 하버드 비즈니스 리뷰에서도 내부평판이 소비자 평판보다 좋은 기업이 매출 성장세가 높다는 분석 자료를 내놓은 바 있다.

행복하지 않은 직원이 고객에게 만족과 감동을 줄 수 있다고 생각하는가? 서비스업에 종사하는 직원들을 '감정 노동자'라고 표현한다. 아무리 힘들어도 고객의 터무니없는 요구에 상냥하게 미소 지으며 가능하면 조치해주라고 교육받다 보니, 어디 하소연할 때도 없이 마음에 상처만 계속 받는 현실을 말해 준다. 특히, "고객은 왕이다"라는 슬로건을 잘 못 해석하여 내가 돈을 지불하므로 직원들을 아랫사람처럼 대해도 된다는 갑질 사고가 만연한 우리 사회에서는 리더가 직원들을 잘 보살펴야 한다.

대형마트 서비스 카운터에 가서 한 시간만 지켜보면 고객을 응대하는 우리 직원들이 얼마나 인격적이며 인내심 강하고 업무에 전문적인지 알 수 있다. 익스프레스 부문장 시절, 계산원들이 온종일 서서 힘들게 일하는 것이 안타까워 앉는 의자를 지급해 앉아서 근무하는 것을 원칙으로 하였다. 몸을 풀거나 서서 일해야 하는 특별한 경우에만 예외적으로 서는 것을 인정한다는 규칙을 만들어 시행했는데, 습관화시키는 데 아주 긴 시간이 소요되었다. 현장에서 서 있는 고객 앞에 앉아서 일하는 것이 건방져 보여서 불편하다고 하였기 때문이다.

구미 각국의 대형마트 어디에도 서서 계산하는 직원이 없는데, 왜 우리나라 직원들만 그래야 하는가? 뿌리 깊은 사농공상의 사상으로 장사하는 사람들을 업신여기는 풍토도 없지 않을 것이다. 훌륭한 '고객 경험' 이란, '월등한 직원관리' 의 다른 표현일 뿐이다. '고객 우선' 은 기업의 당연한 가치이지만, 그렇다고 정작 내부 직원들을 소홀히 대하면 안 된다.

이윤 창출이 기업의 존재 목적이므로 당연히 고객을 받들어 그들이 만족하고 감동하는 수준의 상품과 서비스를 제공하도록 최선을 다해야 한다. 그러나 내부 직원의 중요성을 무시하는 지나친 고객 우선주의는 바람직하지 않다. 고객 경험은 즐겁고 행복한 직원에게서 제공 받는다. 사기가 충천하여 신바람 나게 일하는 직원만이 탄성이 나올 정도의 고객 경험을 만들어 줄 수 있다.

따라서 회사의 경영관리시스템으로 균형성과평가(BSC, Balanced Score Card)를 도입할 때 고객(Customer)-직원(People)-영업(Operation)-재무(Finance)로 연결되는 핵심성과지표(KPI, Key Performance Indicator)를 만들어야 한다.

고객 만족을 최우선으로 하되 직원을 잘 보살피면 영업, 운영을 잘할 것이고 결과적으로 재무적 성과를 올릴 것이라는 철학이 녹아 들어가야 한다.

리더가 구성원들을 잘 보살펴 직원 감동을 이끌어 내기 위해서는 우선 칭찬과 신뢰로 마음을 열도록 해야 한다. 이를 위해서는 직원들과 친해지는 것이 필수적이며 직원들의 업무몰입을 방해하는 나쁜 관리자들이 없는지 살피고 조치해야 하고 1:1의 인간관계를 통해 모두가 인정받고 있다는 분위기를 조성해야 한다. 둘째, 복지향상으로 조직 충성도를 높여 사기를 드높이고 회사에 대해 믿음을 키워야 한다. 셋째, 가장 큰 복지는 개인의 성장이므로 이기는 습관을 형성시켜 경쟁력을 키워줘야 한다.

Leadership Tip

구성원과 친해지는 법

1. 근접성 : 이웃사촌이라는 말처럼, 공간적으로 가까워야 한다.
2. 친숙성 : 반복적으로 자주 봐야 한다.
3. 유사성 : 가치나 신념을 함께하여 나와 사상이 같다고 생각해야 한다.
4. 보상성 : 경조사는 반드시 참석하고 많이 베풀어 돌려주려는 마음을 갖게 한다.

리더는 위의 5가지 원리를 활용해서 구성원들과 친해져야 리더십에서 영향력을 발휘할 수 있다. 회사라는 조직사회에서 사람끼리 친하면 힘든 일도 재미있게 할 수 있다. 또한, 정으로 끈끈하게 뭉쳐야 한다. 끊임없는 관심과 관리, 어려운 상황에서 보여준 감동은 사람의 마음을 움직이는 큰 작용을 하므로 구성원들에게 어려운 상황이 생기면 발 벗고 진심으로 나서야 한다.

직원은 회사를 떠나는 것이 아니라 상사를 떠나는 것이다. 현재 직장에서 상사 때문에 사표를 내려고 한 적이 있느냐는 질문에 62.3%가 "있다"라고 응답했으며, 함께 일하기가 가장 어려운 상사는 61.6%가 독단적, 권위적인 상사라고 응답했다. 또한, 포춘지 선정 500대 기업의 리더급 400명을 대상으로 한 설문 '나쁜 관리자에게 받은 영향'을 보면, 이직을 고민한 적이 있다가 50%, 실제로 회사를 그만 뒀다가 12%, 직무에 몰입하지 못한다가 80%로, 나쁜 관리자는 조직을 와해시키는 리더이므로 즉각 교체하거나 교화 조치해야 한다.

이런 '나쁜 관리자'가 우리 조직에 발붙이지 못하도록 하려면, 1:1 피드백 시스템을 구축하고 '관리자에게 하고 싶은 말, 관리자가 고쳐야 할 것, 우리 조직이 바꿔야 할 것, 우리 조직이 하지 말아야 할 것' 등 직원들의 살아 있는 소리를 정기적으로 청취하는 제도를 만들고 정착시켜야 한다.

좋은 리더십의 영향력은 구성원을 내 편으로 만드는 데서 나온다. 직원들과 진정한 인간관계를 맺는 것이다. 즉 다수 대 다수의 일반적이고 무의미한 관계가 아니라 일대일의 특수적 유의미한 관계로 만들어야 한다. 직원들을 대할 때 평균을 보지 말고 개개인을 봐야 한다. 조직의 몰입도, 충성도, 만족도는 '통나무 물통의 법칙'을 적용해야 한다. 혜택과 보상으로 이해관계를 엮되 보상은 충분조건이 아니라 필요조건이다. 명분과 꿈을 함께 묶었을 때 비로소 영향력이 발휘된다.

사기는 소속된 기업과 조직에 대한 구성원의 정신적 자세이며 경쟁력을 극대화해 경쟁을 승리로 이끄는 필수적인 요소다. 사기는 리더를 핵심으로 전 구성원이 합심하여 동일 목표로 지향하려는 확고한 사명감으로, 부여된 임무를 수행하려는 집단 의지로 나타난다. 그러므로 사기가 저하된 조직은 경쟁에서 승리할 수 없으므로 리더는 왕성한 사기를 유지할 수 있도록 노력하여야 한다.

직원들이 회사에 대해서 회의를 느끼기 시작하면 온갖 부정적인 생각들이 떠돌아다닌다. 엄청나게 일을 시키는데 이것이 꼭 해야 할 일인지는 확신이 안 선다. 이렇게 해서 우리 회사 상품이 잘 팔릴지 의문이다. 경영진이 하는 행태로 봐선 과연 믿고 따라야 하는지도 알 수 없다. 이것저것 일을 하라고 보채니까 하기는 한다. 하지만 힘에 부친다. 다들 바쁘게 움직이긴 하지만 능률이 오르지 않는다. 일하면서 느끼는 보람이나 즐거움이 없다. 회사를 계속 다녀야 하는지 아니면 그만두어야 하는지 헷갈린다. 경영자는 회사의 발전 방향을 제시하지만, 비전을 공유하지 않은 채 몰아붙이기만 한다. 방향을 설정했으니 따라오기만 하란다. 불평불만은 조직에 해가 되니 용납할 수 없다는 분위기를 만들려고 한다. 현명한 직원들이 점점 바보가 되어 간다. 이런 상황에서 과연 성과가 날까?

승패는 병가지상사(兵家之常事: 전쟁에서 이기고 지는 일은 흔한 일이므로, 지더라도 낙담하지 말라는 말)라고 자위하지만 지는 것을 습관처럼 받아들이면 리더십은 끝이다. 직원들에게 가장 훌륭한 리더는 이기는 방법을 교육 훈련해 그들을 성장시키고, 이기는 습관을 만들어 주는 상사다. '이겨야 한다'는 것이 아니다. 다소 처절하게 들릴지 모르지만 '이겨야 산다'라는 말을 가슴에 새겨 주어진 상황에서 반드시 목표달성과 임무완수에 성공하는 구성원들로 육성해야 한다.

01. 칭찬과 신뢰로 상대의 마음을 열어라

정은 우리 민족 정서의 전통적인 특성으로 인본사상을 근간으로 한다. 리더와 구성원의 관계가 정을 바탕으로 이뤄질 때 마치 가족처럼 친해질 수 있다. 신뢰는 직원을 하나로 통합시킨다. 리더가 한 말은 믿음을 주어야 하고, 말한 것은 행동으로 옮겨야 하며, 일단 정해진 목표를 적극적이고 열정적으로 이끌 수 있는 능력이 있다는 것을 믿도록 해야 한다. 믿음은 굳은 결속을 낳고 그런 결속은 어떤 일도 해낼 수 있는 능력을 만든다. 리더가 부하에게 정을 주고 정성을 다하며 서로 굳건한 신뢰로 맺어질 때 구성원들은 최선을 다해서 성과로 보답하려 할 것이다. 이것이 바로 리더십의 진수인 것이다.

첫째, 사소한 관심과 배려가 사람을 감동시킨다. 관심과 배려는 거창한 것이 아니다. 부모가 자식을 사랑하듯이 리더는 항상 따뜻한 마음으로 직원을 대해야 한다. 직원들의 이름을 불러주거나 진심 어린 격려, 개인적인 신상에 대한 관심의 표명과 같은 작은 배려가 그들을 감동시키고 진정한 존경심을 불러일으킨다. 중요한 것은 관심을 두는 데 그치지 말고 말과 행동으로 표현해야 한다는 것이다.

둘째, 칭찬과 격려는 최고의 보상이다. 칭찬과 격려는 다른 어떤 보상보다도 사기와 의욕을 북돋워 준다. 진정한 칭찬과 격려는 결과에 대한 것뿐만 아니라, 과정에서의 노력을 인정해 주는 것이다. 리더는 눈에 보이는 것뿐만 아니라 구성원들의 장점을 적극적으로 찾아내어 칭찬과 격려를 아끼지 말아야 한다. 칭찬은 나중에 하면 효과가 감소하므로 즉각적으로 해야 하며, 확실하게 표현해야 한다.

남녀 간에 표현하지 않는 사랑은 사랑이 아니듯이 상사와 부하 직원 간에도 표현하지 않는 인정과 칭찬은 칭찬이 아니다. 무엇보다 명확한 칭찬은 긍정적 행동을 유도하는 효과가 있으므로 공개적으로 여러 사람 앞에서 칭찬하는 것이 좋다. 물론 질책은 조용히 따로 불러 비공개적으로 해야 한다. 칭찬을 받지 못하는 구성원의 상대적 박탈감까지 배려하여 칭찬의 진정한 효과를 올리는 것이 바람직하다.

셋째, 약속은 반드시 지켜야 한다. 리더는 부여된 임무를 반드시 완수하기 위해 적극적으로 추진하는 모습을 보여야 한다. 또한, 리더의 명령과 지시, 회사의 규정과 방침, 부서의 계획된 일정 등을 항상 지켜야 한다. 이러한 약속이 지켜지지 않을 때 신뢰가 훼손된다. 리더는 솔선해서 이러한 약속을 지켜야 하며, 부득이하게 변경하거나 지키지 못할 경우에는 합리적으로 해명해야 한다.

개인적으로 음식점 종업원이나 자신보다 어린사람에게 반말하는 사람을 극도로 싫어한다. 남을 무시할 수 있는 권한은 아무에게도 주어지지 않았다. 사소하지만 약속 시간에 습관적으로 늦는 사람은 신뢰할 수가 없어 가능하면 관계를 끊는다. 사소한 약속을 우습게 생각하는 태도는 언젠가 큰 약속을 어길 가능성이 높기 때문이다.

서로 믿고 마음을 여는 분위기 속에서 일을 해야 결과도 좋다. 리더가 먼저 구성원을 믿고 신뢰한다면, 그들은 리더에게 마음을 열기 시작한다. 구성원들의 작은 허물을 비난하지 않고 열심히 하는 과정에서 실패한 것을 오히려 격려해 준다면 그들은 진정 믿고 따르게 된다. 서로 마음을 열게 되면 이심전심으로 통하게 되어 가족 같은 분위기가 조성된다.

리더가 구성원을 믿는다는 것은 리더가 반드시 갖춰야 할 자격요건 중 하나임을 명심하자. 그리고 믿지 못함이 버릇되는 것만큼 믿는 것도 충분히 습관화될 수 있다는 것도 기억하자.

리더의 신뢰라는 것은 "믿을 만한 사람을 믿는 것이 아니라, 믿어 줘서 믿을 만한 인재를 만드는 것"이다.

"의심 가는 사람이면 쓰지 말고, 한번 사람을 썼으면 의심하지 말라(疑人不用 用人不疑)"라는 말이 있다. 처음 사람을 선발할 때 의심 가는 부분에 대해 철저히 검증하고 평가하여 제대로 된 사람을 뽑되, 일단 내 사람이 된 뒤에는 추호도 의심하지 말아야 한다. 설혹 의심이 가는 부분이 있으면, 그에 대해서는 그를 뽑은 자신도 책임의식을 느끼고 함께 고민하고 해결하기 위해 노력해야 한다.

매년 연말이면 내가 맡고 있는 부문 전 인원을 대상으로 손편지 연하장을 쓴다. 2017년, 상품 부문장 때는 550장을 썼다. 7월부터 쓰기 시작한다. 토, 일요일 출근하여 아침 8시부터 저녁때까지 12시간, 하루 종일 열심히 쓰면 30장 정도 쓸 수 있다.(일과 시간에는 절대 쓰지 않는다. 기본 과업의 흐름을 방해하는데다, 한 사람마다 온전히 집중할 수 있는 시간을 찾다 보니 휴일이 적당하다) 판에 박힌 연말 연시 문구 인사에 서명 정도로 쓰는 연하장이 아니기 때문이다.

1년동안 회사를 먹여 살리기 위해 열심히 뛰어 준 소중한 임직원들에게 회사는 그들 개개인의 노고를 우선 알아주고, 적어도 고마움을 표현해야 하며, 내년에도 잘 해 달라는 부탁을 정중히 해야 한다. 그러나 회사는 실체적 인간은 아니므로 법인을 대표하여 회사 임원들이 그 일을 수행해야 한다고 믿고 있다.

한 사람 한 사람을 떠올리면서 그들이 올해를 시작하면서 소원했던 3가지가 무엇이고 그 중 어떤 걸 이루었는지, 보직 변경이나 승진 등의 회사에서의 변화, 담당 업무 성과나 프로젝트의 진도, 결혼, 출산, 휴직, 이사, 가족의 애경사 등의 사적인 부분도 다시 한 번 확인하고, 1:1 상담이나 코칭, 팀 별 중식 후 티미팅이나 회식 때의 얘기들을 메모해 놓았던 것을 기본 신상명세서를 참고하면서 축하, 격려, 감사, 응원의 메시지를 빼곡히 적어 12월 초에 모두에게 나누어 줄 수 있도록 몇 개월 동안 작업을 한다.

조직편성표를 보면서 한 사람씩 적어 나가다 보면, 쉽게 편지를 쓰지 못하는 직원들이 반드시 나온다. 잘 모르고 친하지 않기 때문이다. 7월부터 쓰는 이유가, 그럴 경우, 그 직원들을 관찰하고 만나서 차도 마시고 밥도 같이 먹어 가면서 서로 알아 가는 것이다. 사람과 함께 일을 하는데 자신이 관장하고 있는 부문 직원의 이름과 얼굴을 매칭하지 못하는 임원이 직원들에게 어떻게 회사업무에 충실 하라고 강요할 수 있겠는가? 사람은 인정을 바탕으로 신뢰와 존중을 받아야 하는 게 가장 기본이다.

16년의 임원생활을 하면서 함께 일했던 직원들을 만나면 지금도 얘기하는 첫 번째가 손 편지 연하장이다. 집에 가서 아내에게, 혹은 남편에게, 내가 회사에서 임원이 직접 쓴 손 편지를 받을 정도로 인정받고 있다고 자랑한다. 매년 받아 대여섯 장을 집에 보관하면서 사진 찍어서 내게 보여 주는 직원들을 보면 다소 민망하기도 하지만 새삼 손 편지의 강력한 힘을 실감하게 된다.

02. 복지 향상으로 조직 충성도를 높여라

직원은 기업을 구성하는 가장 기본적인 이해관계자로 세심하게 대우하며 관리해야 한다. 직원이 제대로 대접받지 못하고 권리가 박탈되며 제공되는 자원이 부족하다면 기업은 장기적인 차원에서 고객에게 바람직한 가치를 제공할 수 없다. 그뿐 아니라 기업이 직원을 제대로 대우하고 관리하지 못해 고객을 잃게 된다면 투자자와 기타 이해관계자들에게 회사가 전달하는 가치를 제대로 알릴 방법이 없다.

회사가 이윤 추구에만 몰두하느라 직원을 제대로 대우하지 않고 각종 혜택을 축소함으로써 경쟁력을 약화시키는 예가 많다. 특히 허울 좋은 비전이나 사명, 핵심원칙과 가치를 내세우면서 원가절감 노력을 위해 과도하게 직원을 해고하거나 개인적으로 직원을 모욕하고 그들의 미래를 불투명하게 만들 경우 신뢰는 완전히 무너진다. 직원의 장래가 암울하니 당연히 회사의 미래는 없다.

직원들은 리더가 자신들의 복지 향상을 위하여 노력하고 있다는 것을 알게 될 때 인간적인 정을 느끼며 신뢰를 쌓아 간다. 기본적인 복리후생도 만족시켜 주지 못하면서 목표를 달성하거나 성과를 내라고 강요할 수는 없다. 리더는 구성원들의 복지에 대한 관심을 항상 마음속에 두고 있어야 한다. 진정한 복지는 물질 자체보다는 리더가 직원의 복지 향상을 위해 온갖 정성과 노력을 기울여 주는, 마음속에서 우러나오는 직원 사랑에 있다.

첫째, 직원에게 불필요한 일을 시키면 안 된다. 불필요한 업무는 불평불만의 원인이 된다. 리더는 구성원들이 불필요한 업무로 고통받지 않도록, 보이기 위한 전시 위주의 업무를 과감하게 없애고, 명확한 지침과 자상한 지도로 노력이 낭비되지 않도록 해야 한다. 불필요하게 기본권을 제한하지 않음으로써 그들의 근무의욕을 향상시킬 수 있다.

둘째, 가치 없는 일을 없앤다. 회의에 참석하는 인원과 시간을 줄인다. 퇴근 직전에 회의는 엄격하게 금지한다. 일과 이후에 전화나 메일, 메신저 등을 통한 지시를 하지 않아야 한다.

근본적으로 직원들에게 리더로서 할 수 있는 일과 하면 안 되는 일을 리스트로 만들어 철저히 따르겠다는 정신자세가 필요하다. 리더에게 무소불위의 권한을 부여해서도 안 되고, 할 수도 없다.

셋째, 구성원의 시간을 지켜준다. 퇴근 시간을 준수함으로써 저녁이 있는 삶을 보장한다. 휴가는 직원들의 기본권이므로 반드시 지키되 "휴가 가라"고 하더라도 조직별 특성이나 중간 리더의 성격으로 눈치 보는 직원들이 있을 수 있으므로 연초에 전 직원의 휴가 계획을 제출하라고 지시한 다음, 팀별로 조정하고 본부별로 종합하여 게시판을 만들어 서로의 휴가를 존중하는 제도를 만든다.

퇴근에 대한 개념도 리더가 명확히 하여 구성원들의 공감을 얻어야 한다. 야근과 휴일 출근을 통해 열정과 노력을 표현하는 것은 잘못된 것이라는 인식을 함께해야 한다. 조직에서는 악화가 양화를 구축하는 것이 쉬우므로 일을 더 오래 하는 직원이 더 우수하고 충성스럽다는 인식을 하면 조직은 상한다. 시험을 볼 때, 모든 수험자가 50분 이내에 답안을 작성하여 제출하게 되어 있지, 예외적으로 누구는 온종일 시간을 줘서 불공평하게 평가하지 않는다.

시간이라는 자원을 무제한으로 쓰는 습관을 버려야 그들이 리더가 되었을 때, 효율적인 업무방식으로 많은 성과를 이뤄낸다. 일 열심히 하는 열정적 직원을 배척하는 리더로 욕먹더라도 일관되게 지속해서 시행해 보라. 야근 없이도, 휴일 근무 없이도 성과는 올라간다.

넷째, 구성원들의 애로사항을 파악하고 해결해주어야 한다. 리더가 회사의 업무수행에 전념하다 보면 자칫 직원들의 애로사항에 소홀하기 쉽다. 그들은 리더가 자신의 사소한 개인 문제에도 관심을 두고 해결해주면 마음에서 우러나오는 진정한 고마움을 느끼고 자신의 임무에 더욱 충실하게 된다. 일하기 편하게 가려운 데를 긁어 줘야 한다. 이름, 생일, 가족현황, 연초 세운 3가지 소원, 개인별 애로사항 등을 기억하여 불러주고 얘기하며 관심을 보여라. 행운의 다른 말은 사자성어로 '귀인 상봉' 이다. 구성원에게 귀인이 되도록 최선을 다하면 구성원들이 리더의 귀인이 되어 행운을 가져다준다.

홈플러스에서 패션본부가 일하는 것을 살펴보니 디자이너들이 큰 고통이 있음에도 아무도 조치를 해주지 않는 것을 알았고 디자이너들도 오랫동안 그렇게 지나다 보니 그걸 당연하게 생각하는 듯했다. 디자인을 하면 샘플을 만들어 입어 보면서 몇 번이고 조정해서 완성도를 높이는 과정이 필요하다. 시즌별 품평회에서 최종적으로 판매할 상품을 고르는 것도 큰 행사다. 이를 위해 의류 창고, 탈의실 등의 장소가 필요하다.

패션본부는 10층에 있는데 의류창고, 소모품실, 탈의실 등은

8층에 있어서 10층의 일하는 책상 옆에 샘플들이 옷걸이에 가득 걸려 있고, 무거운 상품들을 끌고 다니는 단순 반복 업무는 고객이나 직원에게 아무 가치도 주지 않는 일임에도 계속되고 있어 충분히 공간을 만들 수 있게 조정이 가능할 것 같아 본부별 위치와 직원들의 좌석, 라커 등의 조정 계획을 마련하여 총무팀에 요청했더니 큰 투자 없이도 1주일 만에 해결되었다. 디자이너들이 근무 여건이 좋아졌다고 환호한 것도 있었지만, 사소한 것도 회사의 상사가 직접 챙겨준다는 데 대한 고마움의 표현과 믿음이 커진 것이 회사로 봐서 더 큰 성과였다.

또한, 신바람 나는 조직 분위기를 조성해야 한다. 복지는 물질적인 것뿐만 아니라 정신적인 면에서 더욱 중요하다. 출근하는 날, 눈 뜨고 있는 시간 대부분을 회사에서 보내는 직원들에게 회사가 자율성을 보장하고 긍정적 기분을 만들어 줘 즐거운 분위기를 조성하고 리더가 부하들과 함께 동고동락함으로써 일체감이 조성되면 정신적인 복지가 이루어지는 경험을 할 수 있다.

신바람은 저절로 이루어지는 것이 아니라 함께 만들어 가며 경험하는 것이다. 구성원에 대한 인격적인 대우, 잘못된 관행과 관습의 개선, 자율과 책임을 조화시켜 직원이 신바람 나게 회사생활을 할 수 있도록 노력해야 한다.

본사가 역삼동에서 가양동으로 이사하고 나서 출퇴근이 불편하다는 얘기가 많았다. 체험해 보지 않은 사실을 말로 들어서는 실감이 안 되어 직원들의 동선을 그대로 경험해 보기로 하고 가장 많이 이용하는 교통수단인 지하철을 선택했다.

9시 출근, 6시 퇴근에 맞춰 종합운동장과 가양역을 연결하는 9호선 급행 지하철을 타 봤더니 지옥철이라는 말이 실감날 정도로 출근하면서 에너지가 완전히 바닥나 일할 기운이 없어지고, 꼼짝달싹하기 힘든 출퇴근 시간의 경험이 정신적으로 사람을 너무 피곤하게 했다. 기분 좋게 출근하여 신나게 일할 일상이 처음부터 꼬여 버린 느낌이었다.

기사가 모는 비싼 승용차로 출퇴근하는 고위 임원들은 직원 대부분이 어떻게 하루를 살아가는지에 대해 관심을 가져야 한다. 그렇지 않으면 서로 간에 공허한 관계만 지속할 뿐이다.

지하철이나 대중교통이 붐비는 시간을 피해, 8-5제(8시 출근, 5시 퇴근)를 시행하겠다고 마음을 먹고, 그렇게 바꿨을 때 발생할 수 있는 불편함이 무엇인가 파악하도록 하는 등의 보완책을 마련하고 인사 부문과 합의한 다음, 2017년 1월, 새해를 시작하면서 전격적으로 우리 상품 부문만 9-6제에서 8-5제로 바꿨다.

물론 출퇴근 여건이나 아이들 양육으로 9-6, 10-7 등을 선호하는 직원은 예외로 하는 등, 자율권이 보장되는 탄력근무제를 시행했다. 여러 불편한 점이 있었겠지만, '8시로 출근은 한 시간 앞당겨 놓고 퇴근은 6시 그대로이면 어떻게 하느냐' 는 불만이 나올 게 뻔하므로 5시 정각이 되면 부문 전체를 돌아다니면서 퇴근을 독려했다.

조직이 무너지는 것은 최고위 리더가 강조하는 사항이 중간 리더에 의해서 순응이 안 되어 말단 직원들이 혼란스러운 상황이 되었을 때다. 부문장―본부장―팀장―파트장―파트원으로 연결되는 위계조직에서 중간 간부들이 이런저런 이유로 5시 칼퇴근을 철저하게 보장하지 않으면 조직의 질서는 완전히 붕괴해 버린다. 하루도 빼지 않고 몇 개월을 5시 정각 퇴근을 강요하는 부문 순시를 계속했더니 특히 여름, 해가 길어졌을 때 저녁 시간을 활용할 수 있어 정말 좋다는 피드백이 거의 모든 직원에게서 나왔다. 직원들은 큰 걸 바라는 것이 아니다. 아주 작지만, 그 가려운 데를 리더가 알고 긁어 줬을 때 조직은 강한 힘으로 뭉친다.

03. 개인의 성장을 도와라

누구나 부자가 되어서 행복하게 살고 싶다는 희망을 품고 살아간다. 회사원이 부자가 되는 방법은 빨리 승진하여 급여와 수당을 많이 받는 것이다. 회사원이 주식, 채권이나 부동산 등의 투자를 통해 재산을 불리기는 쉽지 않고 그저 로또나 당첨되기를 바라지만 당첨 확률이 희박하다는 건 모두다 잘 안다.

결국, 회사에서 성과를 많이 내고 진정한 전문가로 실력을 키워 조기 승진으로 몸값을 올리는 것이 부자가 되어 행복한 삶을 사는, 가장 좋은 지름길이다. 승진하는 가장 효과적인 방법은 기대치를 넘어서는 도전 활동을 통해 자신의 업무 범위를 확장하는 것이다. 본인 개인의 성과뿐 아니라 자신이 속한 팀의 성과와 회사의 전반적인 실적을 향상시킬 새로운 개념이나 프로세스를 제시하면 당연히 승진하지 않겠는가?

업무 추진에 필요한 지원을 잘하는 것도 리더의 책임이다. 과제를 던져 주고 필요한 지원을 하지 않고 나 몰라라 하는 것은 구성원에 대한 예의가 아니다. 적시적인 정보를 전달해 주고 자원을 할당하고 정기적인 미팅을 통해 성과를 측정하고 반드시 성공하도록 지원해야 한다.

2005년 홈플러스는 부산, 울산, 경남 지역에서 슈퍼 체인 사업을 하고 있던 아람마트를 인수했다. 슈퍼 익스프레스 부문장으로 발령받고 아람마트의 현황 즉, 각 점포의 고객, 상권과 경쟁 등의 시장 정보, 상품 관련 현황, 물류체계 등을 확인하고 손익 등 재무 분석을 해 보았다. 유통회사, 특히 슈퍼 체인의 인수는 부동산이나 자산 인수가 아니라 영업권 인수로 봐야 하므로 그들의 운영체계와 상권 내 고객들과의 관계 관리를 잘 살펴야 한다.

그러나 가장 중요한 것은 직원들이다. 피인수 기업의 직원들은 인수 기업의 시너지를 위한 정책의 피해자가 될 것이라는 의식이 강하게 되어 있다. 대규모의 해고를 포함한 구조조정, 인수기업의 완장 찬 점령군들의 갑질 횡포 등에 심리적으로 불안감을 느끼게 되어 있다.

1994년에 창업하여 혁신적인 고객 서비스와 지방 소규모 슈퍼체인으로는 보기 드물게 자체 브랜드까지 운영하고 있던 우량 기업에서 일한다는 자부심으로 미래를 위해서 열정적으로 뛰고 있던 아람마트 직원들로서는 불확실성에 일이 손에 잡히지 않았을 것이다. 성공적 인수는 당연히 상품, 운영, 마케팅,

물류, IT 시스템 등이 신속 정확하게 홈플러스와 통합이 되는 것이다. 무엇보다 아람마트 직원들이 더 활기차게 일할 수 있도록 환경과 여건을 만들어 주는 것이 중요했다.

세 가지 원칙을 정했다.

첫째, 홈플러스로의 전환 작업은 아람마트 직원들이 스스로 한다. 홈플러스의 각 기능을 대표하는 전문가들로 TF를 구성하되 순수하게 지원 기능만 수행하고, 통합 목표에 도달하기 위한 모든 노력은 아람마트 직원이 추진한다. 그래야 능동적, 적극적 참여를 통해 실력을 올려 홈플러스 내에서 계속 성장의 사다리를 탈 수 있다.

둘째, '비전, 임무, 핵심 가치, 원칙, 문화'를 공유하면서, 부문장의 이름을 걸고 한 명도 해고하지 않겠다는 약속을 분명히 했다. 향후 발전을 위한 경력관리 프로그램을 제시하여 개인별로 경력개발 계획을 작성하고 2차 상급자까지 개인 면담을 통해 코칭을 시행하였다.

셋째, 지역장, 점장, 부점장 양성교육과 향상교육을 1주일간

연수원에서 소집 교육으로 진행하여 회사가 그들을 위해 투자한다는 인식을 만들어 주었다. 반응은 뜨거웠고, 교육을 받으면서 "회사가 일주일 동안 평소 업무에서 완전히 해방시키고 개인의 발전을 위해 투자를 한다는 것을 처음 느꼈다. 회사가 이익을 내기 위해 직원의 모든 것을 희생시키는 것을 아무렇지 않게 받아들였는데, 나 자신이 소중하고 회사가 나를 알아주고 존중하며 나의 장래를 걱정하고 키워 주려는 데 믿음을 갖게 되었다" 등과 같은 피드백과 함께 인수 기간 중의 어수선한 분위기를 일신하여 점포별, 개인별로 경쟁적으로 성과를 올리기 위해 노력했다.

리더의 역할은 구성원들이 탄탄하게 성장할 수 있도록 돕는데 있다. 가르치고 키우는 것보다 더 보람찬 것은 없다. 경력개발 프로그램을 만들어 코칭을 통해 구성원들이 향후 5년간 어떻게 해 나가는 게 최선의 성장모델인지 지도하고 이끌어야 한다. 일에서 작은 성공을 경험하는 것이 매우 중요하다. 특히 신입사원일 경우, 성공 확률이 매우 높은 프로젝트를 줘서 성공시킨 다음, 본인이 흥분할 만큼 성공에 대한 축하를 팀원들과 함께 하면 기대 이상으로 성장한다. 직원들을 성장시키는 것보다 더 큰 복지는 없다.

제10원칙
어떤 상황에서도 평정심을 유지하라

"사물을 깊이 연구하여 지식을 넓히고 진심어린 뜻과 올바른 마음을 가지는 것이 수신제가 치국평천하에 선행되어야 한다(格物致知 誠意正心 修身 齊家 治國 平天下)." - 『대학』

이 말은 리더가 경구로 활용할 만한 좋은 말씀이다. 특히, 성의정심의 뜻을 잘 되새길 필요가 있다. 성의는 愼獨(신독) 즉, 혼자 있을 때에도 삼가는 것으로 남이 안 본다고 해서 군자답지 못한 생각과 행동을 하지 말라는 것이다. 正心(정심)이란, 분노, 두려움, 편애, 근심을 버리고 哀而不傷(애이불상: 슬프더라도 마음의 상처로 남기지 마라), 樂而不淫(낙이불음: 즐기더라도 정도를 넘지 않는다)하라는 좋은 가르침이다.

리더는 일반적으로 목표지향적이고 성격이 급하다. 또 상, 하, 좌, 우의 주위 평판에 대해 민감한 편이다 보니 스트레스도 많이 받는다. 그러나 리더는 외롭고 힘들다고 불평할 수도 없고 해서도 안 된다. 힘들어야 리더다. 그런데도 리더의 마음대로 되지 않을 때 짜증을 내고 화를 내고 심지어 고함을 지르다가는 리더십이 무너질 뿐만 아니라, SNS로 대표되는 디지털 사회에서 지금까지 쌓은 모든 것이 한순간에 날아가 버린다. 그러므로 어떤 상황에서도 평상심, 평정심을 갖는 게 중요하다. 리더의 덕목에 복원회복력(Resilience)이 들어가는 이유가 여기에 있다.

상사란 지시만 하면 되니 편할 것으로 생각한다. 그러나 목표를 정하고 전략을 수립하고, 지시하고 성과를 측정하면서 직원들을 성장시켜야 하고, 계속 소통에 힘써야 하며, 직원들의 복지를 향상시키는 리더십을 보여야 하므로 그 자리는 힘들 수밖에 없다. 그렇다고 리더의 어려움을 구성원들에게 하나하나 실토하면서 이해를 구하는 것은 바람직하지 않다. 스스로 항상 평정심을 유지할 수 있는 자신만의 방법을 계발하고 습득해야 한다.

리더가 힘든 것 중 하나가 주위로부터의 평판과 비판이다. 리더가 만약 지금 자신에 대한 비판으로 억울한 괴로움을 당하고 있다면 남의 삶을 살고 있지는 않은지 되돌아볼 필요가 있다. 딱 한 번 살고 가는 인생인데 왜 다른 사람들이 자신을 어떻게 보느냐가 삶의 원칙과 기준이 되어야 하는가?

행복 추구는 모든 사람이 가진 기본적 권리다. 조직이 원하는 삶을 살면서 나다운 것, 내가 원하는 소중한 것들을 놓치지 마라. 물론 사회와 조직은 자신을 위한다는 명분으로 남을 불편하게 하지 않도록 법과 도덕, 윤리라는 촘촘한 그물을 만들어놓았으니 반드시 이를 준수해야 하고, 명문화되지 않았더라도 상대방을 항상 이해하고 배려하는 자세로 사는 것이 바람직하다.

그러나 과유불급이다. 과도하게 남을 의식하고 그들의 판단에 자신을 맡기는 것은 잘못이다. 특히 리더가 개성 있는 리더십을 발휘할 때는 조직에서의 저항이 늘 수반되므로 더욱 조심해야 하는 게 현실이다. 술자리에서 상사를 흉보는 것이 일상사인 조직에서 자신의 인생관과 직업관, 윤리관 등의 가치관에 의해 우직하게 자신만의 길을 걷는 용기는 칭찬받아야 한다.

성공하는 사람들은 일반적인 사람들과는 다른 그 사람들의 성격적인 고벽(痼癖)으로 성공한 것이다. 주위 비평에서 벗어나길 바란다. 다른 사람들과 똑같이 하면서 자신의 인생이 달라지기를 원한다면 그것 또한, 아인슈타인의 말을 빌리면 '미친 짓' 이다. 갈대처럼 흔들리지 말고 내 삶의 방식을 당당하고 꿋꿋하게 밀고 나가라. 자신의 깊은 내면에서 들려오는 소리를 잘 듣고 한 번씩은 가슴이 원하는 대로 움직여라.

자중자애(自重自愛). 자신을 소중하게 생각하여 사랑하고 지켜줄 사람은 궁극적으로 자신밖에 없다. 자신을 아끼고 사랑하는 방법을 습관화시키는 지혜를 가져야 한다. 그래야 남을 사랑할 수 있고 조직을 잘 이끌 수 있다. 남을 위해 자신을 희생하는 것은 분명 존경받는 위대한 일이지만, 그렇게 하려면 역설적으로 강한 자아가 있어야 한다. 행복한 리더만이 즐겁게 일하는 조직을 이끌 수 있다.

훌륭한 리더십에서 요구되는 필수적인 역량의 70%는 감성 능력에 있다는 보고가 있다. 변화와 혁신을 끌어내는 복잡한 일을 더 잘 처리해 내며, 주위의 공감을 얻어 구성원들과 끈끈한 감성적 공감대를 형성하는 능력을 말한다.

감성이 뛰어나다는 말은 곧 인성이 좋다는 말이며, 인성은 감성, 품성, 도리를 아우르는 힘이기도 하다. 또한, 인성은 문화적인 감성과 수준 높은 교양을 의미하는데, 리더가 갖추어야 할 덕목이다.

어떠한 과업을 이뤄내 성공하려면 3P가 필요하다. 인내심(Patience), 열정(Passion), 평정심(Peace)이다. 꾸준한 인내심으로 일에 대해 자부심과 열정으로 즐기면서 버텨 내야 한다는 것이다. 과정을 인내하지 못하고 참지 못하는 애벌레는 나비가 될 수 없다. 과정을 견디며 희망을 품으면 결국 화려한 나비의 삶을 살 수 있다. 중요한 것은 얼마나 즐기느냐는 것이다. 과정을 인내와 열정으로 고통스럽게 여기지 말고, 즐겁고 긍정적으로 받아들여 평온한 상태를 유지해야 한다.

최선의 노력을 다하되, 내 뜻대로 일이 흘러가지 않아도 긍정의 힘을 불어넣으면 보람된 결실을 맺을 수 있다. 긍정의 힘으로 간절히 꿈꾸면 기적을 만날 수 있다. 자신에 대한 긍정에서 시작하여 다른 사람에게까지 전염된다. 긍정적으로 기대하면 상대방은 기대에 부응하여 인정받기 위해 놀라운 결과를 만들어 낸다.

구성원에 대한 리더의 긍정적인 기대가 잠재된 능력을 끌어내고, 성과 높은 결과를 도출한다. 해피엔딩이라는 결말을 맞이하고 싶다면, 부정적인 생각을 버리고 '잘 될 것이다' 라는 긍정의 믿음을 품어야 한다. '긍정적인 말을 하며 태도를 보이면 긍정적인 자아가 강화된다' 는 피그말리온 효과, 플라세보 효과는 심리학적 효과뿐 아니라 과학적으로도 입증된 논리다.

긍정의 힘은 성공의 열쇠

첫째, 자신감을 심어주어 성공적으로 일을 수행할 수 있다는 능력을 강화시킨다.

둘째, 긍정적인 생각은 스트레스도 즐기게 만들어 결국 이겨냄으로써 한층 더 성장할 수 있게 한다. 지나간 일에 미련을 두어 부정적으로 되기보다는 바람직한 결과를 기대하며 기분 좋은 에너지로 정신 근육을 발달시킨다.

셋째, 강한 집중력을 발휘하게 한다. 성취되도록 원하면 원할수록 성공을 탄생시키는 힘을 발휘한다.

01. 화는 더 큰 화를 부른다

화가 나고 심지어 분노와 증오가 끓어오르는 참기 어려운 상황이 생길 수 있다. 이해할 수 없는 자세와 태도, 같은 팀으로 일을 하면서 생기는 회의, 도저히 신뢰할 수 없을 정도로 속이 빤히 보이는 면종복배의 이중성 등이 리더를 오늘도 코너로 몰아붙인다. 화가 치미는 대로 직설적으로 표현할 수도 없으므로 마음속 생각과 다르게 대처하는 경우가 많을 것이다.

그렇다고 "내가 보기에 당신은 크게 성장할 수 있는데, 이런 모습을 보이는 것이 안타깝고 실망스럽다. 앞으로 이러저러하게 다른 모습으로 거듭날 수 있었으면 좋겠다" 라고 차분히 조언하는 것은 부처님이나 예수님처럼 성인이나 가능한 것이지 아무리 리더라도 인간이기에 그렇게 하기가 쉽지 않다.

특히 자수성가한 오너들이 힘들어하는 일 중의 하나가 "왜 이들은 악착같이 자기 일처럼 하지 않을까?" 라는 것이다. 보고하는 눈빛에서 열정이 없을 때, 그냥 하면 되는데 자꾸 안 된다는 이유를 대거나, 기일이 훨씬 지났는데 보고 자체가 없거나, 안되면 되게 하려는 시도조차 없고, 자신 없는 태도로 고개를 숙이고 있거나, 모든 일을 위에서 다해주기를 기다리고 있는 모습을 보면 끓어오르는 화를 참기 힘들 것이다.

그렇다고 신경질과 왕짜증을 내며 고함을 지르거나 물컵을 집어 던지면 문제가 해결되는가? 그렇게 하면 해결되는 게 리더십이라면 얼마나 편하고 쉽겠는가? 스마트폰 녹취가 일상화되어 있는 요즘은 갑질로 고발당하기에 십상이다. 역지사지를 생각해 보면 이게 답이 아니라는 것을 알 것이다.

첫째, 유머를 생활화해야 한다. "굴러 들어오는 복을 차 버리는 바보가 되지 말라"는 얘기가 있다. 복은 웃어야 들어오는데 신경질과 화가 일상적인 조직에서는 아무래도 복을 기대하기 어렵다.

영국 테스코와 일할 때 많이 배운 것은 그들은 아무리 긴장되고 힘든 상황에서도 유머를 던지며 분위기를 부드럽게 만들어 간다는 것이다. 이런 분위기를 리더 스스로가 조성한다. 순간 순간 기지를 잘 발휘하는 것은 어렸을 때부터 큰 노력으로 자신을 개발해 왔던 결과라는 것이 읽힌다. 최악의 상황에서도 여유가 있고 유머를 활용할 수 있다면 아무리 혼란스럽고 어려운 의사결정도 냉철하게 할 것이라는 믿음으로 리더를 진심으로 존경할 수 있을 것이며 리더 스스로 복원력이 생길 것이다.

둘째, '직장의 개'가 되지 말라. 장자에 나오는 얘기다. 많은 사람이 오고 가는 좋은 목에 주막집 두 곳이 서로 맞은편에서 장사한다. 한 집은 길게 줄을 서서 기다려서 먹을 정도로 잘 되는 데 반해, 그 맞은편 집은 손님이 전혀 없어 파리만 날리자, 주인이 고민이 깊어져 전문가의 도움을 요청한다. 메뉴도, 맛도, 서비스도 전혀 다를 게 없고, 한쪽은 오랫동안 줄을 서야 하니 기다림의 불편함과 청결도 면에서 오히려 손님들이 싫어해야 하는데, 왜 그럴까를 온종일 관찰한 전문가의 조언은 이렇다.

"주막의 사나운 개 때문에 손님들이 꺼리므로 그 개를 없애라."

손님이 들어오는데 사납게 짖고, 손님이 식사나 막걸리라도 한잔 마시고 있는 사이에 신발을 물어뜯어 못쓰게 하고, 심지어 개에게 물려 큰 고생을 했다는 소문이 퍼진 것이다. 이 소문을 들은 사람들이 개와 싸울 수는 없으니 앞집으로 전부 간 것이다.

직장에서도 개는 있게 마련이다. 무서워서 앞에 가기 두렵고, 열심히 성과를 내려고 노력하는데 여러 가지 트집을 잡아 물어뜯고, 조금 실수라도 하면 내상을 크게 입을 정도의 상처를 주고, 결국, 그 '개'로 인해 직원들은 조직을 떠나고 만다.

모든 리더는 '직장의 개'가 혹시 나는 아닌지 자신을 냉정하게 돌아봐야 한다. 구성원이 개 때문에 업무에 몰입하지 못하거나 심지어 소중한 직장을 떠나는 피해를 주지 않아야 한다. '개 자신'이 개과천선하여 복원력을 키워 '학'처럼 고고하게 변했다는 얘기를 들은 적이 없으므로 애초부터 개가 되지 않도록 예방하는 것이 개인과 조직을 위한 가장 좋은 방법이다.

02. 스트레스를 즐겨라

직원들로부터 가장 많이 받는 질문은 스트레스를 어떻게 관리 하느냐는 것이다. 그 답으로 스트레스를 "왜" 관리 하느냐고 되묻는다. 그리고 사람들의 비합리성에 관해 얘기해 준다. 휴일에 집에서 쉬지 않고 시간과 돈을 들여 아내와 자녀를 데리고 큰마음 먹고 놀이 공원에 갔을 때 사람들이 어디에 가장 줄을 많이 서 있느냐고 묻는다. 대부분 자이로드롭, 바이킹, 롤러코스터 등 심장이 멎는 공포를 느끼고, 자신도 모르게 비명을 지르는 곳을 다 돌아야 직성이 풀리면서, 비싼 돈 들인만큼 제대로 즐겼다고 자신을 칭찬한다. 스트레스를 일부러 내 돈 주고 찾아다닌 셈이다.

해외여행은 비합리성 면에서 훨씬 더하다. 유럽이나 미국으로 10일 이상 패키지 투어를 간다면 어떻게 되는가? 한 달 월급을 훌쩍 뛰어넘는 비싼 여행비를 선납하고 몇 시간이나 공항에서 대기하다가, 긴 줄을 서서 보안검색에 출국심사까지 통과하고 나면 비행기에서 12시간씩 좁은 이코노미석에서 쪽잠 자가며, 제대로 다리도 못 피고 불편한 상태로 이동한다. 도착 후에는 새벽부터 온종일 버스 타고 다니면서 생고생을 자처한다. 집 떠나면 고생이라 하지만 말도 잘 안 통하는 곳에서 사진 몇 장 남기기 위해 그렇게도 힘들게 보내는 게 고생이 아니면 무엇인가?

그런데도 고생을 많이 할수록 좋은 추억으로 남아 몇 년이 지난 후에도 그때 찍은 사진을 보거나, TV 프로그램에 다녀왔던 지역이 소개되면 그때 한 고생은 다 잊고 기분이 좋아진다.

회사 생활이라고 다를 게 있을까? 상사도 정말 친절하고 상냥하며 내가 어려울 때 다 도와주고, 동료도 죽마고우보다 훨씬 좋아 모든 고민을 상담할 수 있고 언제든지 내 일을 도와주며, 직원들은 내가 생각했던 것보다 더 좋은 성과를 내고 나를 잘 따르고 조직에 충성하며 매년 주어지는 목표는 내가 별일을 하지 않아도 달성되고 보상은 나의 기대보다 너무 커 회사에 미안할 정도라면 정상적인 조직도, 회사도 아니다. 회사는 절대 그런 자리를 만들지 않는다.

스트레스는 받아야 정상이고, 스트레스가 있어야 살 수 있고, 스트레스를 이김으로써 성장할 수 있다. 크고 강한 근육은 면역력을 높이는 데 가장 효과적이다. 근육은 중량으로 스트레스를 줘서 근섬유를 찢어 상처를 준 다음, 새살이 차오르면서 복원회복이 되는 과정에서 발달한다.

정신적 면역력은 마음을 갈기갈기 찢어 놓는 큰 상처를 많이 받은 후 치유하면서 정신적 근육을 발달시켜야 커진다. 그래서 스트레스를 주는 분들께 감사해야 하고 스트레스를 즐기는 마음가짐을 갖는 게 매우 중요하다. 스트레스를 주는 리더들을 감싸자는 게 절대 아니다. 나는 그런 리더가 되지 말아야 하는데 문제는 나의 상사는 내가 통제하거나 교체할 수 없으므로 그럴 경우 어떻게 평정심을 유지할 것이냐는 얘기다.

스트레스를 즐기는 요령

첫째, 현실적으로 되어야 하고 모든 업무에서 의미를 찾고 뭐든 현재 있는 것으로 처리해야 한다. 현재 상황과 여건에 대해서 불평불만만 가득하고 실현 불가능한 대안만 가지고는 행복을 찾을 수 없다.

둘째, 자존감을 가져야 한다. 자존감이란, 자신을 존중하고 사랑하는 마음으로 자아 존중감의 준말이다. 이는 자기 효능감(자신을 가치 있는 사람으로 생각), 자기 조절감(본능적으로 욕구를 조절하는 능력), 자기 안전감(스스로 편안하게 느끼는 능력) 등 세 가지로 이루어진다.

자존감을 회복하려면 자신을 맹목적으로 사랑해야 한다. 남과 비교하는 대신 자신의 장점을 파악해서 자신을 쓰다듬고 토닥여야 한다. 있는 그대로의 자신을 인정하여 "괜찮아, 잘하고 있어", "난 최선을 다했어, 그걸로 충분해"라고 자위해야 한다.

셋째, 스스로 결정하고 책임지는 자세가 필요하다. 결정과 책임을 통해 배우고 발전한다. '지금, 여기'에 집중하여 과거에 집착하거나 미래를 걱정하지 말고 당장 할 일에 매진하는 것이 좋다. 그리고 패배주의를 이기고 전진해야 한다. 긍정적인 마음이 가장 중요하다.

넷째, 시간관리, 특히 루틴(Routines)을 잘 만들어 관리해야 한다. 오늘 걷지 않으면 내일 뛰어야 하므로 일, 주, 월, 분기, 반기, 연간 루틴을 잘 만들어야 한다. 리더는 항상 구성원보다 먼저 일찍 시작하고 일찍 마칠 수 있도록 습관을 들여야 한다. 그리고 자신만의 시간을 많이 만들어야 한다. 절대 조직에 끌려 다니지 말아야 한다.

03. 긍정의 힘으로 복원회복력을 키워라

복원회복력(resilience)이란, 시련 및 위기나 역경을 극복하고 행복이나 긍정적인 상태로 돌아가는 인지 능력이다. 즉, 역경을 이겨내는 긍정적인 힘이다. 반대로 같은 시련이 왔을 때 맥

없이 무너지고 그것에 굴복하는 사람들은 상처받기 쉬운 허약한 사람들이다. 회복탄력성이 좋은 사람들은 대부분 신뢰와 존중을 바탕으로 좋은 인간관계를 형성하는 사람들이며 자신의 단점과 약점을 흔쾌히 수용하고 자신이 잘할 수 있는 것들을 통해 강점을 최대한 발휘하여 즐거움과 성취를 느껴 행복한 길을 찾아가는 지혜가 있다.

역경으로 인해 밑바닥까지 떨어졌다가도 강한 회복탄력성으로 다시 튀어 오르는 사람들은 대부분 원래 있었던 위치보다 더 높은 곳까지 올라간다. 리더의 복원회복력이야말로 조직을 긍정의 힘으로 지배하는 중요한 리더십이기에 리더는 복원회복력을 유지하는 방법을 알고 이를 습관화해야 한다.

첫째, 리더는 정신적, 육체적으로 건강해야 한다. 리더는 항상 정신적, 육체적으로 준비되어 있어야 하고, 늘 깨어 있어야 한다. 위기 상황에 맞서 싸우고 조직을 이끌려면 강인한 몸과 정신을 갖춰야 한다. 사람은 아플 때 부정적이 되고 자신감을 상실하기에 리더는 늘 체력적으로 자신을 갈고닦아야 한다.

둘째, 리더는 항상 겸손한 자세로 배움을 계속해야 한다. 장애물을 만나 넘어지고 실패의 쓴 맛을 보는 과정에서 더 많은 것을 배우는 법이다. 본인 뿐만아니라 조직 전체가 실패를 공유할 수 있는 전향적인 자세를 가져야 하고 재도전하면서 극복해 나가는 배움의 기회를 고맙게 생각해야 한다. 거친 파도를 만나야만 노련한 사공이 될 수 있다.

셋째, 긍정적인 사고를 나만의 차별적 경쟁력으로 발전시켜라. 똑같은 상황도 보는 시각에 따라 전혀 다르게 인지된다. 어떤 조직이든 난관에 봉착한다. 그 시련을 성장의 기회로 인식하여 즐기면서 해결해 나가는 리더의 모습은 오히려 아름답다. 정 힘들고 어렵다면 다소 비겁할 수 있지만, "이 또한 지나가리라"를 주문처럼 외고 사는 것도 나쁘지는 않다.

넷째, 아프더라도 현실을 직시하고 받아들여라. 과거는 되돌릴 수 없고 미래는 오지 않았으니 현재에 집중하여 하나씩 풀어나가면 된다. 힘들다고 현실을 외면하는 리더를 따르는 직원은 없다. 아직 닥치지 않은 일에 대해 미리 공포심을 키우는 것도 금물이다. 어릴 때, 주사를 맞아 본 경험이 말해 준다. 맞고 나면 괜찮은데, 맞기 전 차례를 기다릴 때가 더 무섭다. 아무리 어려워도 결국에는 성공할 거라는 믿음을 갖는 동시에 눈앞의 냉혹한 사실들을 직시하는 것이 복원력의 핵심이다.

다섯째, 위기상황을 대비하여 협력 네트워크를 구축하라.
리더 혼자서는 모든 것을 다할 수 없다. 먼저 복원력이 뛰어난 인재들로 팀을 구축하라. 최근의 위기는 대규모로 터지는 경우가 많아 일개 부서가 감당하기에는 무리다. 평소에 네트워크를 구축하여 협력과 훈련을 지속해야 한다. 평소에 다른 조직을 지원하여 결정적인 상황에서 도움을 제때에 받을 수 있도록 대비하라.

맺음말

자만의 덫에 빠지지 않길 바라면서

요즘 신입사원들이나 실무자급 직원들의
스펙이나 능력, 자질은 현 임원들의 그 시기에 비교할 수 없을
정도로 월등하다. 극복해야 하는 장애물도 옛날보다 많아졌다.
상품을 만들기만 하면 거의 완판이 가능했던 과거보다, 고객의
사랑을 받기가 어려워졌고, 경쟁은 카테고리와 채널의 구분 없
이 전방위적으로 이루어지며, 심지어 국경도 초월한다. 잠깐씩
나타나는 시장에 미리 준비하지 못하면 즉시 사양 산업이 되어
버리는 무시무시한 세상이다. 미래라는 터널에 들어가고 있는
데 터널의 끝이 어디이고 어떻게 될지, 정확히 예측하는 것은
불가능한 일이다.

이런 기업 환경에서 우리가 할 수 있는 일은 어떤 미래가 오
더라도 거기에서 살아남을 인재를 키워 성공하는 조직으로 이

끌 리더를 만드는 것이다. 내일 뛸 경기가 축구인지, 야구인지, 농구인지, 배구인지 모른다면 어떤 경기라도 다 소화할 만능선수를 키워야 하며, 전설적인 축구 선수가 야구라는 같은 구기 종목을 만나는 것이 아니라 피겨 스케이팅이나 유도 선수로 출전을 강요당하는 경우에도 대비해야 한다. 기술은 다르더라도 사람을 이끌어 가는 원리는 유사하므로 모든 스포츠를 지도할 리더를 키워 훗날 그 리더가 미래의 선수들을 양성하고 용병하도록 체계를 갖춰야 할 것이다.

긴 호흡으로 보면 기업에서 인재를 양성하는 것만큼의 좋은 투자는 없다. 전략이란 목표를 달성하기 위해 소요되는 세 가지의 자원을 할당하는 것이다. 사람, 시간, 돈이다. 돈은 강조하지 않아도 기업이라는 조직은 필요 이상으로 아끼고 보살피고 챙긴다. 좋은 인재를 적재적소에 충원하고 교육훈련을 지속하여 자질과 능력을 갖춘 다음, 열정적으로 일할 수 있도록 상황과 여건을 만들어야만 회사는 잘 굴러간다.

그런데 성장기를 거쳐 안정기에 접어든 기업이 하는 가장 큰 실수가 돈을 아끼기 위해 사람을 보살피지 않는 것이다. 악착같이 팔려는 사람과 안 팔아도 회사에서 월급이 나오니 대충

하는 사람이 있는 조직에서의 성과는 천양지차다. 또 성공한 리더들도 사람을 키우지 않는 잘못을 한다. 조직은 개인보다 비교적 영속적이어야 한다. 육상 계주 종목처럼 첫 번째 주자가 아무리 스타트를 잘해 2등과 거리를 벌려 놓았더라도 다음 주자들이 추월당하거나 바톤 터치가 잘못되어 꼴찌가 될 수도 있다. 지금까지의 성공은 황혼의 멜로디일 뿐이다. 앞으로 10년간 어떻게 회사를 성장시키고 고객을 창출할 것인지의 고민은 사람으로 풀어가야 한다.

위대한 리더들이 처음부터 자질과 능력을 타고난 것도 아니고 실수가 없었던 것도 아니다. 판단 착오로 기업을 벼랑으로 몰고 가는 CEO도 많았고, 과도한 통제경영으로 직원들의 사기를 바닥으로 떨어뜨려 경영성과가 급감하는 참담한 결과를 가져온 기업 경영자도 많았다. 이들로부터 배울 수 있는 리더십의 교훈은 리더가 자신을 객관적으로 볼 수 있어야 한다는 것이다. 자기 객관화 능력이 높을수록 의사결정 실수가 감소한다. 주변 전문가 그룹의 의견을 경청하고 배우는 자세를 견지해야 한다. 기업에서 사람을 평가할 때 360도 다면화 평가를 하는 방법으로 자신을 객관적으로 돌아보기 바란다. 세상에 완벽이라는 것은 존재하지 않는다. 완벽하기 위해 노력하는 것이다. 리더 스스로 완벽하다고 생각하는 순간에 본인도, 이끄는 조직도 나락으로 떨어진다는 것을 명심하라.

이처럼 리더가 정말 주의해야 할 것은 성공의 덫에 빠지는 것이다. 일반적으로 리더, 그것도 임원급이나 CEO까지 승진한 고위급 리더는 산전수전을 겪으면서 쌓은 무용담으로, 자신의 전설과 신화에 빠져 있을 가능성이 높다. 생명체나 조직의 공통점은 성장하지 않으면 죽어가고 있다는 것이다. 태동기, 성장기, 안정기, 쇠퇴기를 거쳐 회사도, 사람도 결국은 다 죽는다. 따라서 리더는 자신과 조직이 죽지 않도록 더 지혜롭게 성장을 도모하고 미래를 준비해야 한다. 과거에 극복했던 문제들은 같은 형태로 또 나타나지 않는다.

스티브 잡스가 "Stay hungry, stay foolish"라고 말한 명언을 새겨들어야 한다. 더 높은 수준의 가치를 창조하기 위해 몸부림쳐야 하고, 지금의 나를 파괴하여 혁신하기 위해 늘 겸손한 마음으로 배우고 성장하라는 당부다. 무사안일로 안주하면 죽는다.

'각주구검(刻舟求劍)'이라는 말이 있다. 칼을 강물에 떨어뜨리자 배에 떨어뜨린 장소를 표시했다가 나중에 그 칼을 찾으려고 한다는 뜻으로, 판단력이 둔하여 융통성이 없고 세상의 변화에 어둡고 어리석다는 비유다. 세상은 급변하는데 자신은 적어도 그 자리를 지키고 있으니 괜찮다는 리더는 조직의 미래를 위험하게 만든다. 변화는 누구에게나 두렵고 조직의 심리적 저항을 수반하므로 리더 입장에서는 부담스러운 주제다.

그러나 찰스 다윈이 『종의 기원』에서 얘기한 것처럼 빠른 것도 강한 것도 아닌 변화에 즉각 적응하는 종만이 살아남는다는 것에 동의하고 리더는 계속 조직을 미래지향적으로 혁신시켜 나가야 한다. 프로펠러 비행기가 초음속의 제트 비행기가 되려면 엔진만 바꾼다고 되는 게 아니다. 초음속을 내려면 프로펠러 자체가 방해되므로 떼어내야 하고 비행기의 모든 부분을 완전히 개조해야 한다. 실무를 잘한다고 팀장이 되어 그 성공방식을 유지하여, 예전에 했던 노력을 좀 더 열정적으로 하는 것을 조직은 원하지 않는다. 더욱이 임원이라는 큰 리더가 되면 지금까지 했던 모든 것을 다 잊고 완전히 새로운 리더가 되기 위해 자신을 파괴하고 새로운 자신을 창조해야 한다.

프로는 실제뿐만 아니라 이론에도 강해야 한다. 프로페셔널 리더는 리더십 이론에 대한 자신만의 정리된 이론을 갖고 있어야 한다. 리더와 리더십에 대한 본인의 정의가 있어야 하고 리더의 권한과 책임, 기능과 리더십 발휘 체계에 대해서도 후배들에게 강의할 수 있는 수준에 이르러야 한다. 어떤 분야든 경쟁이 있을 것이다. 여하한 경쟁에서 이길 수 있는 원칙을 숙지하고 적용한다면 이기는 조직과 개인이 될 것이다.

리더십 원칙이 정해져 있어 무조건 순응해야 하는 것은 아니다. 분야와 업태, 조직의 성격, 규모에 따라 완전히 달라질 수 있다. 그러나 어떤 조직에서도 보편적으로 통할 수 있는 원칙을 정리하여 이 책을 통해 제시해 보았다. 20년간의 군대 생활과 또 20년간의 유통 대기업에서 수많은 경험으로 배우고 깨우친 리더십에 대한 내 생각을 후배들에게 전하고 싶었다. 이 글은 여하한 상황과 여건에서도 이길 수 있도록 조직을 이끌 리더를 만들어 가기 위한 교안이다. 오늘보다 더 나은 내일을 만들어 보고자 하는 리더에게 조금이라도 도움이 되길 소망한다.

마지막으로 얘기하고 싶은 것은 무엇보다 리더는 조직의 얼굴이라는 사실을 잊지 않는 것이다. 현재 자리에 오르기까지 버팀목이 되어 준 본인의 자질과 능력, 열정은 그 자리에 오르고 난 이후에는 진부한 것이 되고 만다. 리더는 개인적으로는 자연인이지만 조직에서는 직책을 가진 기관이다. 조직을 대표하고 수많은 직원을 이끌어 여하한 조건과 상황에서도 임무완수와 목표달성을 위해 정진해야 한다. 많은 리더가 '능력 있는 개인'에서 '조직을 대표'하는 자리로 전환을 하는 데 실패하곤 한다. 하지만 자신의 노력을 배가하는 것보다 조직 전체를 활성화하는 데 중점을 두면 더 큰 성공을 일궈낼 수 있으며, 일도 즐기며 할 수 있다.

리더의 자리는 '나보다 훨씬 더 적합한 훌륭한 리더가 있어야 할 자리'를 내가 운 좋게 차지하고 있다는 겸손한 생각을 가지고 항상 일신우일신 해야 한다.

당신의 건투를 빈다.

참고도서

1) **3.리더는 권한과 책임을 완수해야 한다**: 조직장의 파워는 어디에서 나오는가,

　홍석환 KT&G인재개발원장, 중도일보 경제포럼, 2016.5.31.

2) **5.위대한 리더는 팔로워가 만든다**: 3분 경영, 손기용, 신한카드(2016.11.24)에서 인용

3) **정직함의 힘을 믿어라**: 「신뢰자본이 풍요로운 나라가 되려면」, 이수정, 건설경제신문, 2016.11.15.

4) **미래지향적 전략가**: 「성공하는 CEO의 7가지 공통점」, CIO Korea 뉴스센터 기고 2013. 4. 19

5) **제4원칙: 전 직원의 자발적인 참여를 이끌어라**: 『탁월한 역량을 끌어내는 승부사』,

　멀티플라이어, 리즈와이즈먼, 그렉 맥커운, 한국경제신문출판

6) **2) 사회적 태만을 해결하라**: 『그림으로 읽는 생생 심리학』, 이소라, 그리고책 출판

　(제5원칙: 협력을 이끌어 팀워크에 앞장서라→■ 조직을 단결시켜라)

7) **혁신을 이끌어 내는 조직환경을 조성하라**: 『아하 차이나, 무엇이 진짜 중국인가』, 취평화, IGM Books

8) **말 잘하는 사람보다 잘 듣는 사람이 이긴다**: 『어떻게 원하는 것을 얻는가』,

　스튜어트 다이아몬드, 도서출판 세계사

9) **의사소통만 잘해도 리더십이 달라진다**: 『세상에서 가장 힘이 센 운의 비밀』, 보이지 않는 차이,

　연준혁, 한상복, 위즈덤하우스

10) **칭찬과 신뢰로 상대의 마음을 열어라**: 『성공과 실패를 가르는 CEO의 습관』, 신인철, Lotus 출판